LE RETOUR DE L'ENFANT PRODIGUE

« Espaces libres »

HENRI J.M. NOUWEN

LE RETOUR DE L'ENFANT PRODIGUE

Revenir à la maison

Traduit de l'anglais
par Rollande Bastien

Albin Michel

Albin Michel
■ *Spiritualités* ■

Collection « Espaces libres »
dirigée par Jean Mouttapa et Marc de Smedt

À mon père
Laurent Jean Marie Nouwen
pour son quatre-vingt-dixième
anniversaire de naissance

L'histoire de deux fils et de leur père

« Un homme avait deux fils. Le plus jeune dit à son père : "Père, donne-moi la part de fortune qui me revient." Et le père leur partagea son bien. Peu de jours après, rassemblant tout son avoir, le plus jeune fils partit pour un pays lointain et y dissipa son bien en vivant dans l'inconduite.

« Quand il eut tout dépensé, une famine sévère survint en cette contrée et il commença à sentir la privation. Il alla se mettre au service d'un des habitants de cette contrée, qui l'envoya dans ses champs garder les cochons. Il aurait bien voulu se remplir le ventre des caroubes que mangeaient les cochons, mais personne ne lui en donnait. Rentrant alors en lui-même, il se dit : "Combien de journaliers de mon père ont du pain en surabondance, et moi je suis ici à périr de faim ! Je veux partir, aller vers mon père et lui dire : Père, j'ai péché contre le Ciel et contre toi ; je ne mérite plus d'être appelé ton fils, traite-moi comme l'un de tes journaliers !" Il partit donc et s'en alla vers son père.

« Tandis qu'il était encore loin, son père l'aperçut et fut pris de pitié ; il courut se jeter à son cou et l'embrassa tendrement. Le fils alors lui dit : "Père, j'ai péché contre le Ciel et contre toi ; je ne mérite plus d'être appelé ton fils." Mais le père dit à ses serviteurs : "Vite, apportez la plus belle robe et l'en revêtez, mettez-lui un anneau au doigt et des chaussures aux pieds. Amenez le veau gras, tuez-le, mangeons et festoyons, car mon fils que voilà était mort et il est revenu à la vie ; il était perdu et il est retrouvé !" Et ils se mirent à festoyer.

« Son fils aîné était aux champs. Quand, à son retour, il fut près de la maison, il entendit de la musique et des danses. Appelant un des serviteurs, il s'enquérait de ce que cela pouvait bien être. Celui-ci lui dit : "C'est ton frère qui est arrivé, et ton père a tué le veau gras, parce qu'il l'a recouvré en bonne santé." Il se mit alors en colère, et il refusait d'entrer. Son père sortit l'en prier. Mais il répondit à son père : "Voilà tant d'années que je te sers, sans avoir jamais transgressé un seul de tes ordres, et jamais tu ne m'as donné un chevreau, à moi, pour festoyer avec mes amis ; et puis ton fils que voilà revient-il, après avoir dévoré ton bien avec des prostituées, tu fais tuer pour lui le veau gras !"

« Mais le père lui dit : "Toi, mon enfant, tu es toujours avec moi, et tout ce qui est à moi est à toi. Mais il fallait bien festoyer et se réjouir, puisque ton frère que voilà était mort et il est revenu à la vie ; il était perdu et il est retrouvé !" »

PROLOGUE

Rencontre d'un tableau

La rencontre fortuite d'un détail du *Retour du fils prodigue*, de Rembrandt, a déclenché chez moi une quête spirituelle qui devait m'amener à redécouvrir ma vocation et me donner des forces neuves pour la vivre. Au cœur de cette aventure, un tableau du XVIIe siècle, une parabole remontant au Ier siècle et son narrateur, et un homme du XXe siècle à la recherche d'un sens à sa vie.

L'histoire commence à l'automne de 1983 dans le village de Trosly, en France. Je passais quelques mois à l'Arche, communauté qui offre un foyer aux personnes atteintes d'un handicap mental. Fondée en 1964 par Jean Vanier, la maison de Trosly est aujourd'hui à la tête d'un réseau de 90 communautés à travers le monde. Un jour que je rendais visite à mon amie Simone Landrieu au petit centre de documentation de l'Arche, mon regard s'arrêta sur une affiche épinglée à sa porte. On y voyait un homme revêtu d'une grande cape rouge toucher tendrement les épaules d'un garçon débraillé à genoux devant lui. Je ne pouvais détacher mon regard de cette image. Je me sentais attiré par l'intimité entre ces deux personnages, par la chaleur qui se dégageait de la cape rouge du vieil homme, par le jaune doré de la tunique du garçon et par la lumière mystérieuse qui les enveloppait tous deux. Mais plus que tout, c'étaient les mains – celles du vieillard – posées sur les épaules du jeune homme, qui me rejoignaient là où je n'avais encore jamais été atteint.

Conscient d'avoir négligé mon interlocutrice, je revins à Simone : « Qu'est-ce que c'est que cette illustration ? » « C'est une reproduction du *Fils prodigue* de Rembrandt, me dit-elle. Tu aimes ça ? » Je continuais à fixer l'affiche. « C'est beau, c'est plus que beau, murmurai-je enfin. Ça me donne envie de pleurer et de rire en même temps… Je ne peux pas te dire exactement ce que j'éprouve mais ça me touche profondément. » « Tu devrais essayer de t'en procurer une copie, suggéra Simone. On en trouve à Paris. » « Oui, répondis-je, il faut que je m'en achète une. »

À l'époque de ce premier contact avec le *Fils prodigue*, je venais tout juste de terminer une tournée de conférences de six semaines aux États-Unis, pour mobiliser les communautés chrétiennes contre la violence et la guerre en Amérique centrale. J'étais épuisé, à tel point que j'avais de la difficulté à marcher. Anxieux, je me sentais seul, agité et très démuni. Pendant mon périple, j'avais eu l'impression de lutter vaillamment pour la justice et la paix et je m'étais senti capable d'affronter sans crainte le monde des ténèbres. Mais une fois la tournée terminée, je n'étais plus qu'un enfant vulnérable et j'aurais voulu trouver refuge sur les genoux de ma mère. Après les acclamations et les huées du public, la solitude m'était insupportable et j'étais bien près de céder aux voix séductrices qui me promettaient le repos du corps et des sens.

Voilà dans quel état je me trouvais lorsque j'ai aperçu pour la première fois le *Fils prodigue* sur la porte du bureau de Simone. Mon cœur a tressailli. Après le voyage exténuant où j'avais donné le meilleur de moi-même, la tendre étreinte du père et du fils traduisait tout ce à quoi j'aspirais. C'était bien moi, le fils épuisé rentrant d'un long voyage. J'avais besoin d'affection ; je cherchais la maison où je me sentirais en sécurité. Ce « revenant » était tout ce que j'étais et tout ce que je voulais être. Depuis le temps que je passais d'un endroit à l'autre pour réconforter, supplier, interpeller, rassurer ; tout ce que je voulais, maintenant, c'était un lieu où je me sentirais chez moi.

Il s'est passé beaucoup de choses dans les mois et les années qui ont suivi. J'ai surmonté mon épuisement et j'ai repris ma vie d'enseignement et de voyages, mais l'étreinte de Rembrandt restait gravée dans mon âme bien plus profondément qu'un simple signe d'encouragement. Elle m'avait fait découvrir quelque chose en moi qui était en attente, un appel masqué par les aléas d'une vie très occupée, une aspiration persistante au repos définitif, un besoin incontournable de sécurité et de permanence. Je voyais nombre de gens, je travaillais sur des dossiers importants, je multipliais les interventions publiques mais le *Retour du fils prodigue* continuait de m'habiter et prenait de plus en plus de place dans ma vie spirituelle. Le tableau de Rembrandt avait éveillé en moi le désir d'une demeure permanente, désir de plus en plus fort et de plus en plus profond.

Deux ans après avoir vu le tableau, je donnais ma démission comme professeur à l'université Harvard et je revenais passer une année à l'Arche de Trosly. Je voulais vérifier si oui ou non j'étais appelé à vivre avec des personnes handicapées mentales, dans une communauté de l'Arche. Pendant cette année de transition, je me suis senti particulièrement proche de Rembrandt et de son *Fils prodigue*. Après tout, je cherchais un nouveau chez-moi, et mon compatriote hollandais semblait m'avoir été donné pour compagnon et pour guide. Avant la fin de l'année, j'avais pris ma décision : j'irais vivre à Daybreak, la communauté de l'Arche à Toronto.

Le tableau

Juste avant de quitter Trosly, mes amis Robert Massie et sa femme Dana Robert m'invitèrent à les accompagner en Union soviétique. « Voilà ma chance de voir le vrai tableau », me dis-je aussitôt. Je savais que l'original avait été acquis en 1766 par Catherine la Grande pour l'Ermitage, à Saint-Pétersbourg, et qu'il s'y trouvait toujours. Je n'aurais jamais pensé avoir si tôt l'occasion de voir ce chef-d'œuvre. J'étais ravi de mieux connaître la Russie, car ce pays a marqué mes pensées et mes sentiments pendant une bonne partie de mon existence, mais rien ne me fascinait comme la perspective de m'arrêter devant cette toile qui m'avait révélé mes attentes les plus profondes.

Dès notre départ, j'ai compris que ce voyage en Union soviétique et ma décision d'entrer à l'Arche étaient étroitement liés. Et le lien, j'en étais persuadé, c'était le *Fils prodigue* de Rembrandt. Je pressentais qu'en contemplant l'original je pourrais entrer comme jamais auparavant dans le mystère du retour à la maison.

Retrouver la sécurité après une épuisante tournée de conférences avait été un retour à la maison ; quitter les collègues et les étudiants pour vivre dans une communauté d'hommes et de femmes handicapés mentalement ressemblait à un retour à la maison ; prendre contact avec les citoyens d'un pays qui s'était coupé du reste du monde, c'était aussi une sorte de retour à la maison. Mais « rentrer à la maison », avant tout, c'était pour moi revenir pas à pas vers Celui qui m'attend à bras ouverts pour m'embrasser d'une étreinte éternelle.

Je savais que Rembrandt avait creusé le sens de ce retour spirituel : ce qu'il avait vécu avant de peindre le *Fils prodigue* ne lui laissait aucun doute sur son vrai chez-soi, sa demeure définitive. Je sentais que si je pouvais rencontrer Rembrandt sur le terrain où il avait peint le père et le fils, Dieu et l'humanité, la compassion et la misère, dans un cercle unique d'amour, je percerais tout ce qu'il est possible de connaître de la mort et de la vie. J'espérais aussi que la fréquentation de ce chef-d'œuvre me permettrait un jour d'exprimer ce qui m'importe le plus au sujet de l'amour.

C'est une chose de se trouver à Saint-Pétersbourg, c'en est une autre d'avoir la chance de réfléchir à loisir en face du *Fils prodigue*, à l'Ermitage. En apercevant la file de visiteurs, qui s'étendait sur plus d'un mille aux portes du musée, je me suis demandé non sans inquiétude comment j'arriverais à voir ce que je voulais voir, et pendant combien de temps.

Notre visite se terminait à Saint-Pétersbourg et la plupart de nos compagnons de voyage rentraient chez eux. Mais la mère de Robert, Suzanne Massie, qui se trouvait alors en Union soviétique, nous invita à prolonger un peu notre séjour en sa compagnie. Suzanne est une experte en matière d'art et de culture russes, et son livre *The Land of the Firebird* m'avait beaucoup aidé à préparer mon voyage. Je lui ai demandé comment faire pour approcher le *Fils prodigue*. « Ne t'inquiète pas, me répondit-elle, je vais m'arranger pour que tu aies tout le temps voulu pour contempler ton tableau. »

Le lendemain, elle me donnait le numéro de téléphone d'Alexei Briantsev. « C'est un bon ami. Appelle-le, il va t'aider. » De fait, Alexei me donna tout de suite rendez-vous à une porte latérale du musée, loin de l'entrée réservée aux touristes.

Samedi le 26 juillet 1986, à 14 h 30, je me rendis à l'Ermitage, longeai la Neva et dépassai l'entrée principale pour trouver la porte qu'Alexei m'avait indiquée. Un préposé, assis derrière un grand bureau, m'autorisa à utiliser le téléphone interne. Quelques minutes plus tard, Alexei me guidait le long de corridors somptueux et d'élégants escaliers jusqu'à une salle qui n'appartenait pas à l'itinéraire des touristes. C'était une longue pièce au plafond élevé, qui ressemblait à un ancien studio d'artiste. On y voyait des toiles empilées ici et là et, au centre, de grandes tables et des chaises couvertes de papiers et d'objets de toutes sortes. Nous nous sommes assis et je me suis vite rendu compte qu'Alexei était le directeur du service de restauration de l'Ermitage. Avec beaucoup de gentillesse et en marquant un intérêt évident pour mon désir de passer un certain temps en compagnie du tableau de Rembrandt, il m'offrit son aide. Puis il me conduisit au *Fils prodigue* en recommandant au gardien de ne pas me déranger.

Je me trouvais enfin en face du tableau qui habitait mon esprit et mon cœur depuis près de trois ans. J'étais sidéré par sa beauté majestueuse : ses dimensions d'abord (il est plus grand que nature), l'abondance des bruns et des jaunes, les replis ombragés et les premiers plans pleins de lumière, mais surtout l'étreinte lumineuse du père et du fils entourés de quatre spectateurs mystérieux. Tout cela me saisit avec une force qui dépassait ce que j'avais imaginé. À certains moments, je m'étais demandé si je ne serais pas déçu par le tableau réel. Bien au contraire, sa grandeur et sa splendeur m'envoûtaient. Venir ici, c'était vraiment pour moi rentrer à la maison.

Les groupes de touristes et leurs guides défilaient rapidement, tandis qu'installé sur une chaise recouverte de velours rouge face au tableau, je restais là à le regarder. Je voyais enfin l'original ! Non seulement le père qui embrasse son enfant, mais aussi le fils aîné et les trois autres personnages. La toile, immense, fait huit pieds de haut sur six pieds de large. Il m'a fallu un certain temps pour simplement *être là*, pour absorber tranquillement le fait que j'étais bien en présence de ce que j'espérais voir depuis si longtemps, pour goûter le fait d'être là tout seul, à l'Ermitage, à Saint-Pétersbourg, et d'avoir tout mon temps pour contempler le *Fils prodigue*.

La toile était exposée de la manière la plus avantageuse, sur un mur bien éclairé par une grande fenêtre à un angle de quatre-vingts degrés. De ma place, je prenais conscience que la lumière gagnait en intensité à mesure que l'après-midi avançait. À seize heures, le soleil couvrit la peinture d'un éclat nouveau : les personnages à l'arrière-plan – qui étaient restés plutôt flous jusque-là – semblèrent sortir de l'ombre. Comme le soir approchait, la lumière du soleil devint encore plus saisissante. L'étreinte du père et du fils devenait plus forte, plus prononcée, et les témoins prenaient une part plus active à cet événement mystérieux de réconciliation, de pardon et de guérison intérieure. Peu à peu, je prenais conscience qu'il y a autant de tableaux du *Fils prodigue* que d'éclairages différents et je restai un long moment fasciné par cet élégant pas-de-deux de l'art et de la nature.

Sans que je m'en rende compte, plus de deux heures s'étaient écoulées. Alexei reparut ; avec un sourire compatissant, il me fit comprendre que j'avais besoin d'un répit et m'invita à prendre un café. Il me fit traverser les grandes salles du musée, qui avait été le palais d'Hiver des tsars, jusqu'à l'atelier où il m'avait d'abord reçu. Son assistant et lui avaient préparé un plateau de pain, de fromages et de sucreries. Jamais je n'aurais cru prendre un jour le café en compagnie des restaurateurs de l'Ermitage. Ils m'ont raconté ce qu'ils savaient du tableau, mais ils voulaient aussi savoir pourquoi il me fascinait tellement. Ils ont paru étonnés et quelque peu surpris par mes réflexions spirituelles ; ils m'écoutaient avec attention en me pressant de leur en dire davantage.

Après le café, je suis retourné devant le tableau pendant une heure encore, jusqu'à ce que le gardien et la femme de ménage me fassent comprendre, en termes non équivoques, que le musée fermait et que j'y avais passé assez de temps.

J'y suis revenu quatre jours plus tard. Ce jour-là, il s'est passé un incident amusant. À cause de l'angle sous lequel le soleil du matin frappait le tableau, le vernis produisait un reflet gênant. Je déplaçai alors une des chaises de velours rouge pour neutraliser cet effet et distinguer clairement les personnages. Le gardien, un jeune homme sérieux portant la casquette et l'uniforme militaire, parut fort contrarié de cette initiative. Il vint me trouver et, dans un long discours en russe ponctué de gestes universels, m'ordonna de remettre tout de suite la chaise à sa place. En pointant du doigt le soleil, puis la toile, j'essayai de lui faire comprendre pourquoi j'avais déplacé la chaise. Rien n'y fit. Je remis donc la chaise à sa place et je m'assis par terre, ce qui eut pour effet d'alarmer davantage le gardien. Je redoublai d'efforts pour gagner sa sympathie, et il me dit finalement de m'installer sur le radiateur sous la fenêtre. Mais, dès qu'une guide d'Intourist entra dans la salle avec un groupe de visiteurs, elle m'enjoignit de quitter le radiateur et de m'asseoir sur une chaise. Le gardien se mit en colère contre la guide : c'était lui qui m'avait donné la permission de m'asseoir sur le radiateur. La guide ne parut pas satisfaite, mais elle retourna à ses touristes qui s'étonnaient de la taille des personnages de Rembrandt.

Quelques instants plus tard, Alexei vint prendre de mes nouvelles. Aussitôt le gardien s'approcha et ils eurent un long conciliabule. Bien sûr, le gardien essayait d'expliquer ce qui s'était passé, mais la conversation se prolongeait tellement que je commençais à m'inquiéter. Tout à coup, Alexei nous quitta. Pendant un moment, je me sentis coupable d'avoir provoqué cet incident, et je crus qu'Alexei pouvait être fâché. Mais dix minutes plus tard, il revenait avec un confortable fauteuil de velours rouge aux pattes dorées. Pour moi ! Avec un grand sourire, il déposa le fauteuil devant le tableau en m'invitant à prendre place. Alexei, le gardien et moi étions tout sourire. J'avais mon fauteuil à moi, et tout était en ordre. Tout cela me parut plutôt comique. Trois chaises vides qu'on ne pouvait déplacer, et un fauteuil luxueux, apporté d'une autre salle du palais, pour que j'en dispose à ma guise. L'élégance de la bureaucratie ! Je me demandais si les personnages du tableau, qui avaient suivi toute la scène, riaient avec nous. Je ne le saurai jamais.

En tout j'aurai passé plus de quatre heures devant le *Fils prodigue*, prenant des notes sur ce que disaient les guides et les touristes, sur ce que j'observais selon que le soleil augmentait ou se voilait, sur ce que j'éprouvais à mesure que j'entrais dans cette histoire racontée un jour par Jésus et représentée par Rembrandt. Je me demandais si ces heures précieuses passées à l'Ermitage porteraient fruit un jour, et de quelle manière.

En quittant le tableau, je me dirigeai vers le jeune gardien et j'essayai de le remercier pour sa patience. Sous l'ample casquette russe, ses yeux me montrèrent un homme comme moi : quelqu'un qui avait peur, mais qui éprouvait aussi un grand désir d'être pardonné. Sur son visage imberbe, un sourire timide se dessina. Je lui souris à mon tour, et nous nous sommes sentis rassurés tous les deux.

L'événement

Quelques semaines après ma visite à l'Ermitage, j'arrivais à Toronto comme aumônier de la communauté de Daybreak. J'avais pris toute une année pour discerner si j'étais appelé à vivre avec des personnes handicapées mentales, mais j'éprouvais encore une profonde inquiétude : est-ce que j'allais être capable de répondre à cet appel ? Plus jeune, je n'avais guère accordé d'attention aux personnes ayant un handicap mental. Je m'étais plutôt intéressé aux étudiants d'université et à leurs problèmes. J'avais appris à donner des conférences et à écrire des livres, je savais bâtir un exposé en trois points, organiser des paragraphes, choisir des sous-titres, j'aimais argumenter et analyser. Mais je ne savais guère communiquer avec des hommes et des femmes qui peuvent à peine parler ou qui, s'ils le peuvent, ne s'intéressent pas aux démonstrations logiques et aux beaux raisonnements. Je savais encore moins comment annoncer l'Évangile de Jésus à des personnes qui écoutent plus avec leur cœur qu'avec leur intelligence, et qui sont beaucoup plus sensibles à ce que je vis qu'à ce que je dis.

Malgré mes appréhensions, en arrivant à Daybreak en août 1986, j'étais certain d'avoir fait le bon choix. Après plus de vingt années passées dans les salles de cours, le temps était venu pour moi de croire que Dieu aime les pauvres en esprit d'une façon toute spéciale et que, même si j'avais très peu à leur apporter, eux avaient beaucoup à m'offrir.

À peine arrivé, je me suis mis à chercher un endroit où installer ma reproduction du *Fils prodigue*. Le bureau qu'on m'avait assigné semblait tout indiqué. Chaque fois que je m'asseyais pour lire, écrire ou recevoir quelqu'un en entrevue, je pouvais apercevoir l'étreinte mystérieuse du père et du fils, désormais intimement liée à mon cheminement spirituel.

Depuis ma visite à l'Ermitage, je m'arrêtais davantage aux quatre personnages, deux femmes et deux hommes, qui se tiennent autour de l'espace lumineux où le père accueille son fils errant. À leur façon de regarder la scène, on se demande ce qu'ils pensent, ce qu'ils ressentent. La présence de ces observateurs suggère toutes sortes d'interprétations. En réfléchissant à mon propre cheminement, je prenais conscience d'avoir longtemps joué moi-même un rôle de spectateur. Pendant des années j'avais enseigné les différents aspects de la vie spirituelle, en essayant de convaincre mes étudiants qu'il importe de les vivre. Mais est-ce que j'avais pris le risque de sortir moi-même de l'ombre, de m'agenouiller dans la lumière pour me laisser embrasser par un Dieu qui pardonne ?

Le simple fait de pouvoir exprimer une opinion, développer un argument, défendre une position ou clarifier un point de vue m'a toujours donné l'impression de contrôler la situation. Ce qui généralement me sécurise beaucoup plus que de prendre le risque de me laisser contrôler par une situation mal définie.

Des heures et des heures de prière, des jours et des mois de retraite, des entretiens sans nombre avec des directeurs spirituels ne m'avaient pas encore amené à quitter mon rôle de spectateur. Même si j'ai toujours aspiré à un engagement personnel, je me contentais d'observer de l'extérieur. L'observateur que j'étais pouvait éprouver de la curiosité, de la jalousie, de l'angoisse, et même de l'amour. Mais renoncer à ma sécurité d'observateur critique, c'était pour moi sauter dans l'inconnu. Je tenais tellement à garder le contrôle sur ma vie spirituelle, à en prévoir au moins un peu l'aboutissement, qu'il me semblait presque impossible de troquer la sécurité de l'observateur pour la vulnérabilité du fils repenti. Enseigner, commenter, expliquer les paroles et les gestes de Jésus, décrire l'itinéraire spirituel de ceux et celles qui nous ont précédés, tout cela ressemblait fort à l'attitude de l'un ou l'autre des quatre observateurs de l'étreinte divine. Les deux femmes, debout plus ou moins loin derrière le père ; l'homme assis, le regard fixe, sans regarder personne ; et l'autre, debout, qui jette un œil critique sur la scène ; autant de façons de ne pas s'impliquer. On passe de l'indifférence à la curiosité, de la rêverie à l'observation attentive ; regard fixe, contemplatif, vigilant ou scrutateur ; on se tient debout en arrière, on s'appuie au mur, on est assis les bras croisés, ou debout les mains jointes. Toutes ces postures, toutes ces attitudes intérieures ne me sont que trop familières. Qu'elles soient plus ou moins confortables, ce sont toutes des façons de ne pas s'impliquer.

Quitter l'enseignement universitaire pour vivre avec des personnes handicapées mentales était, pour moi tout au moins, un premier pas vers la plate-forme où le père embrasse son fils agenouillé, lieu de lumière, de vérité et d'amour. C'est là que je voudrais tellement me trouver, là que j'ai tellement peur de me retrouver. C'est là que je vais recevoir tout ce que je désire, tout ce que j'ai toujours souhaité, tout ce dont j'aurai jamais besoin ; là aussi qu'il me faudra renoncer à tout ce à quoi je m'accroche. Il est souvent beaucoup plus difficile d'accepter vraiment d'être aimé, pardonné, guéri, que d'aimer, de pardonner ou de guérir ; or il s'agit ici de dépasser le salaire, le mérite et la récompense pour accéder à l'abandon et à la confiance totale.

Peu après mon arrivée à Daybreak, je vois arriver Linda, une belle jeune femme qui a le syndrome de Down. « Bienvenue », fait-elle en me serrant dans ses bras. Elle accueille de cette façon tous les nouveaux venus, et elle le fait chaque fois avec un amour et une conviction sans réserve. Mais comment recevoir une telle marque d'affection ? Linda ne m'a jamais vu. Elle ne sait rien de ce que j'ai vécu avant d'arriver à Daybreak. Elle ne connaît ni mes limites ni mes forces. Elle n'a lu aucun de mes livres, n'a jamais assisté à mes conférences, et n'a même jamais vraiment causé avec moi.

Que faire ? Me contenter de lui sourire, lui dire qu'elle est gentille et continuer ma route comme si de rien n'était ? Ou est-ce que Linda se tient quelque part sur la plate-forme et que son geste veut me dire : « Avance, ne sois pas gêné, ton Père aussi veut t'embrasser ! » Chaque fois, semble-t-il, que ce soit l'accueil de Linda, la poignée de main de Bill, le sourire de Gregory, le silence d'Adam ou les paroles de Raymond, j'ai à faire un choix : ou bien j'essaie d'« expliquer » ces gestes, ou bien je les accepte comme autant d'invitations à monter plus haut et à m'approcher.

Ces années à Daybreak n'ont pas été faciles. Long combat intérieur, souffrance psychologique, affective et spirituelle. Jamais je n'ai eu le sentiment d'avoir atteint le but. Reste pourtant que le passage de Harvard à l'Arche est un premier pas, un vrai déplacement : de spectateur à participant, de juge à pécheur repentant ; au lieu de donner des cours sur l'amour, se laisser aimer. Je n'aurais jamais imaginé la difficulté de ce passage. Je ne savais pas à quelle profondeur s'enracinait ma résistance, et combien il me serait pénible de me retrouver, de tomber à genoux et de laisser couler mes larmes. Je ne pouvais deviner le prix à payer pour participer vraiment au grand événement que célèbre le tableau de Rembrandt.

Chaque petit pas vers le centre me paraissait une exigence impossible ; encore une fois, il me faudrait renoncer à mon désir de contrôler la situation, encore une fois renoncer au besoin de voir venir, encore une fois mourir à la peur de ne pas savoir où tout cela m'entraîne, encore une fois m'abandonner à un amour qui ne connaît pas de limites. Et pourtant, je savais que je ne pourrais jamais vivre le grand commandement de l'amour si je ne me laissais pas aimer sans conditions, sans préalables. Le chemin qui amènerait le théoricien de l'amour à se laisser aimer s'avérait beaucoup plus long que je ne l'avais imaginé.

La vision

J'ai consigné dans mon journal et dans des carnets beaucoup de ce que j'ai vécu depuis mon arrivée à Daybreak. Tels quels, ces textes doivent rester confidentiels. Le matériau brut, les mots en sont trop crus, trop tapageurs, trop « sanglants », trop nus. Mais le temps est venu maintenant de revenir sur ces années tourmentées et d'évoquer, le plus objectivement possible, le chemin qu'elles m'ont fait parcourir. Je ne suis pas encore assez libre pour m'abandonner complètement à l'étreinte du Père. À bien des égards, je suis encore en route vers le centre du tableau. Je suis toujours comme le prodigue : je me suis mis en chemin, je me répète ce que je dirai en arrivant, j'essaie d'imaginer ce qui se passera quand je serai finalement rentré à la maison du Père. Mais, au moins, j'ai pris la route du retour. J'ai quitté les pays lointains et je sens la proximité de l'amour. C'est pourquoi je suis prêt à partager mon expérience. On pourra y trouver de l'espoir, un peu de lumière et quelque consolation. Le récit reprend une grande partie de ce que j'ai vécu ces dernières années : plutôt qu'un cri de confusion ou de désespoir, on y verra différentes étapes de mon cheminement vers la lumière.

Le tableau de Rembrandt m'a suivi pendant toute cette période. Je l'ai déplacé à quelques reprises : de mon bureau à la chapelle, de la chapelle à la salle de séjour de Dayspring (la maison de prière de Daybreak), puis de nouveau à la chapelle. J'en ai parlé souvent, à l'intérieur et à l'extérieur de la communauté de Daybreak : à des personnes handicapées et à des assistants, à des pasteurs et à des prêtres, à des hommes et à des femmes de différents milieux. Plus je parlais du *Fils prodigue*, plus j'en venais à le regarder un peu comme mon tableau à moi, comme s'il représentait non seulement le cœur du récit que Dieu veut me communiquer mais aussi le cœur du récit que je veux dire à Dieu et au peuple de Dieu. Tout l'Évangile est là. Toute ma vie est là. Toute la vie de mes amis est là. Le tableau est devenu comme une fenêtre mystérieuse qui me donne accès au Royaume de Dieu. Comme un vaste portail qui me permet de passer de l'autre côté de l'existence pour considérer, à partir de là, le curieux assortiment de personnes et d'événements qui forment ma vie de tous les jours.

Pendant des années j'ai essayé d'entrevoir Dieu en scrutant la gamme des expériences humaines : la solitude et l'amour, la tristesse et la joie, la rancune et la gratitude, la guerre et la paix. J'ai cherché à comprendre le cycle des mouvements de l'âme humaine pour y discerner une faim et une soif que seul pourrait combler un Dieu appelé Amour. Je m'efforçais de découvrir le permanent derrière le transitoire, l'éternel derrière le temporel, l'amour parfait derrière les peurs paralysantes, et la consolation divine derrière la désolation de l'angoisse et de la souffrance humaines. J'ai constamment tenté de discerner, à travers et par-delà notre existence mortelle, une présence plus grande, plus profonde, plus vaste et plus belle que ce que nous pouvons imaginer, et j'ai essayé d'en parler comme d'une présence que peuvent déjà percevoir, entendre et toucher ceux et celles qui sont disposés à croire.

Mais, à Daybreak, j'ai été conduit vers un lieu intérieur où je n'avais jamais pénétré auparavant. C'est le lieu en moi où Dieu a choisi d'habiter. C'est le lieu où je suis en sécurité dans les bras du Père tout amour, qui m'appelle par mon nom et me dit : « Tu es mon fils bien-aimé sur qui repose toute ma faveur. » C'est le lieu où je peux goûter la joie et la paix qui ne sont pas de ce monde.

Ce lieu a toujours été là. C'était pour moi la source de la grâce. Mais jamais je n'avais pu y pénétrer et y demeurer. « Si quelqu'un m'aime, il observera ma parole et mon Père l'aimera ; nous viendrons à lui et nous établirons chez lui notre demeure. » (*Jn* 14, 23) Ces mots m'ont toujours beaucoup touché. Je suis la demeure de Dieu !

Mais j'avais toujours trouvé très difficile de goûter la vérité de cette parole. Oui, Dieu habite mon être le plus profond, mais comment répondre à l'appel de Jésus : « Demeurez en moi, comme moi en vous » ? (*Jn* 15, 4) L'invitation est claire, sans ambiguïté. Faire ma demeure là où Dieu a fait la sienne, tel est le grand défi de la vie spirituelle. Cela me semblait une mission impossible.

Mes pensées, mes sentiments, mes émotions et mes passions m'attiraient constamment hors de l'endroit que Dieu avait choisi pour y faire sa demeure. Rentrer à la maison et demeurer là où Dieu habite, écouter la voix et la vérité de l'amour, c'était ce que je redoutais plus que tout, parce que je savais que Dieu est un amant jaloux, qui exige tout de moi et à chaque instant. Quand serais-je prêt à accepter un tel amour ?

C'est Dieu lui-même qui m'a montré la voie. Les crises affectives et les problèmes de santé qui venaient briser le rythme soutenu de mes activités à Daybreak m'obligeaient brutalement à rentrer à la maison et à chercher Dieu là seulement où on peut Le trouver : dans le sanctuaire intérieur. Je ne peux pas dire que j'y sois arrivé ; je n'y arriverai jamais en cette vie parce que le chemin vers Dieu mène bien au-delà des frontières de la mort. Ce voyage est long et exigeant, c'est vrai, mais il nous réserve aussi nombre de surprises merveilleuses qui nous offrent souvent un avant-goût du but final.

La première fois que j'ai vu le tableau de Rembrandt, je n'étais pas aussi familier que je le suis maintenant avec la demeure de Dieu en moi. Mais la force de ma réaction à l'étreinte du père et du fils m'a révélé que je recherchais désespérément cet espace intérieur où je pourrais moi aussi me sentir aimé et en sécurité. À ce moment-là, je ne pouvais pas savoir tout ce qu'exigeraient les quelques pas qui me conduiraient à cet espace intérieur. Je rends grâce de n'avoir pas su ce que Dieu me réservait. Mais je rends grâce aussi pour l'espace nouveau qu'a ouvert en moi la souffrance intérieure. J'ai maintenant une nouvelle vocation. Celle de me situer dans cet espace pour éclairer, par la parole et par l'écrit, les autres dimensions de nos existences agitées. Il me faut m'agenouiller devant le Père, poser mon oreille contre sa poitrine et écouter, sans interruption, les battements du cœur de Dieu. Alors, et alors seulement, je pourrai répéter ce que j'aurai entendu, fidèlement et tout doucement. Je sais maintenant que je dois partir de l'éternité pour parler du temps, éclairer de la joie qui demeure les réalités passagères de notre courte existence en ce monde, aller de la maison de l'amour aux maisons de la peur, et de la demeure de Dieu aux demeures des êtres humains. Je suis bien conscient de l'énormité de cette vocation. Néanmoins, je reste persuadé que cette voie est la seule qui me convienne. On pourrait parler de vision « prophétique » : regarder les personnes et le monde avec les yeux de Dieu.

Est-ce réaliste pour un être humain ? Et plus important encore, est-ce bien ma voie ? Il ne s'agit pas ici d'une question théorique. Il s'agit de vocation. Je suis appelé à entrer dans le sanctuaire intérieur de mon être, là où Dieu a choisi d'habiter. Le seul chemin pour y arriver, c'est la prière, une prière incessante. Le chemin est pavé de luttes et de souffrances, mais je suis convaincu que seule la prière me permettra d'arriver au terme.

INTRODUCTION

Le fils cadet, le fils aîné et le père

L'année qui a suivi ma découverte du *Fils prodigue*, mon cheminement spirituel a été marqué de trois phases qui m'ont aidé à trouver la structure de mon récit.

La première phase fut mon expérience d'être le fils cadet. Les longues années d'enseignement à l'université et mon implication intense dans les affaires de l'Amérique centrale et de l'Amérique du Sud m'avaient laissé la sensation d'être perdu. J'avais erré en tous sens, j'avais rencontré des gens de toutes convictions ayant toutes sortes de styles de vie, et j'avais fait partie de plusieurs mouvements. Mais en définitive, je me sentais dépaysé et très fatigué. Quand je vis avec quelle tendresse le père touchait les épaules de son fils cadet et le serrait contre son cœur, je sentis profondément que j'étais ce fils perdu, que je voulais revenir comme il l'avait fait, pour être embrassé comme il l'avait été. Longtemps, je me suis vu comme le fils prodigue en route vers la maison de son père et j'imaginais le moment où je serais accueilli par mon Père.

Puis, de façon inattendue, quelque chose dans ma perspective a changé. Après mon année en France et ma visite à l'Ermitage de Saint-Pétersbourg, les sentiments de désespoir qui m'avaient fait m'identifier si fortement au fils prodigue passèrent au second plan de ma conscience. J'avais pris ma décision d'aller à Daybreak à Toronto et, par conséquent, je me sentais plus confiant qu'avant.

La deuxième phase de mon cheminement spirituel débuta un soir alors que je discutais du tableau de Rembrandt avec mon ami Bart Gavigan, un Anglais qui en était venu à me connaître assez bien au cours de l'année précédente. Alors que je lui expliquais combien je m'étais identifié au fils cadet, il me regarda intensément et me dit : « Je me demande si tu ne ressembles pas davantage au fils aîné. » Grâce à ces paroles, un espace nouveau s'ouvrit en moi.

À vrai dire, je ne m'étais jamais vu comme le fils aîné, mais après que Bart m'eut placé face à cette possibilité, des idées sans nombre commencèrent à occuper mon esprit. En commençant par le simple fait que je suis, en effet, l'aîné de ma propre famille, j'en vins à voir que j'avais vécu une vie tout à fait filiale. Dès l'âge de six ans, je voulais devenir prêtre et je n'ai jamais changé d'idée. Je suis né, j'ai été baptisé, confirmé et ordonné dans la même église, j'ai toujours obéi à mes parents, à mes professeurs, à mes évêques et à mon Dieu. Je ne m'étais jamais enfui de la maison, je n'avais jamais perdu mon temps ni mon argent dans des frasques, et je ne m'étais jamais égaré dans « la débauche et l'ivrognerie ». Pendant toute ma vie, j'avais été très responsable, fidèle aux traditions, casanier même. Mais malgré tout, il se peut que j'aie été aussi perdu que le fils cadet. Je me suis alors vu d'une façon complètement nouvelle. J'ai vu ma jalousie, ma colère, ma susceptibilité, mon entêtement et mon humeur sombre et, plus que tout, ma subtile impression d'être correct. J'ai vu combien j'aimais me lamenter et combien ma façon de penser et de sentir était pleine de ressentiment. Pour un temps, il me fut impossible de comprendre comment j'avais pu jamais me percevoir comme le fils cadet. À n'en pas douter, j'étais le fils aîné, mais tout aussi perdu que son jeune frère, même si j'étais resté « à la maison » toute ma vie.

J'avais trimé dur sur la ferme de mon père, mais je n'avais jamais vraiment goûté la joie d'être à la maison. Au lieu d'être reconnaissant de tous les privilèges que j'avais reçus, j'étais devenu une personne très rancunière : jaloux de mes frères et sœurs plus jeunes, qui avaient pris tant de risques et qui étaient chaleureusement accueillis au retour. Pendant ma première année et demie à Daybreak, la remarque judicieuse de Bart continua de guider ma vie intérieure.

Il y avait encore autre chose. Dans les mois qui ont suivi la célébration de mon trentième anniversaire de prêtrise, j'entrai graduellement dans des espaces intérieurs de ténèbres et commençai à éprouver une profonde angoisse, au point que je ne me sentais plus en sécurité dans ma propre communauté ; je dus la quitter et chercher de l'aide pour lutter et travailler directement à ma guérison intérieure. Les quelques livres que j'ai pu emporter traitaient tous de Rembrandt et de la parabole de l'Enfant prodigue. Vivant dans un endroit plutôt isolé, loin de mes amis et de ma communauté, j'éprouvai de grandes consolations en lisant la vie tourmentée du grand peintre hollandais et en apprenant comment son cheminement angoissé l'avait finalement conduit à peindre cette œuvre magnifique.

Pendant des heures, j'ai regardé les croquis splendides et les toiles qu'il a créées au milieu de ses épreuves, de ses désillusions et de sa douleur, et j'en suis venu à comprendre comment est sortie de ses pinceaux la figure d'un vieillard presque aveugle, tenant son fils dans un geste de compassion qui pardonne tout. « Il faut qu'un artiste ait vécu beaucoup de morts et ait versé beaucoup de larmes pour arriver à peindre le portrait d'un Dieu si humble.[1] »

1. Paul Baudiquet, *La vie et l'œuvre de Rembrandt*, Paris, ACR Éditions-Vilo, 1984.

C'est pendant cette période d'immense souffrance intérieure qu'une autre amie m'a dit la parole que j'avais le plus besoin d'entendre, inaugurant ainsi la troisième phase de mon cheminement spirituel. Sue Mosteller, qui était à la communauté de Daybreak au début des années 1970, et qui avait joué un rôle important dans ma venue à l'Arche, m'avait donné un soutien indispensable quand la situation était devenue très difficile ; elle m'avait encouragé à lutter pour vaincre la souffrance nécessaire, afin d'arriver à la vraie liberté intérieure. Lorsqu'elle vint me visiter dans mon « ermitage » et me parler du *Fils prodigue*, elle me dit : « Que tu sois le fils cadet ou le fils aîné, il te faut prendre conscience que tu es appelé à devenir le père. »

Ses paroles me firent l'effet d'une bombe parce que, depuis le temps que je vivais avec le tableau et que je regardais le vieillard qui étreignait son fils, jamais il ne m'était venu à l'esprit que le père était celui qui exprimait le mieux ma vocation dans la vie.

Sue ne m'a pas laissé la chance de protester. « Tu as cherché des amis toute ta vie ; tu recherches l'affection depuis que je te connais ; tu t'es intéressé à des milliers de choses ; tu as quémandé attention, appréciation et approbation à gauche et à droite. Il est temps de prendre en main ta vraie vocation – être un père qui peut accueillir ses enfants à la maison, sans poser de question et sans rien attendre d'eux en retour. Regarde le père dans le tableau et tu sauras qui tu es appelé à devenir. Nous, à Daybreak, et la plupart des gens autour de toi, nous n'avons pas besoin que tu sois un bon ami ou même un bon frère. Nous avons besoin d'un père qui peut revendiquer pour lui-même l'autorité de la vraie compassion. »

En regardant le vieillard à la longue barbe, avec sa grande cape rouge, j'ai éprouvé une résistance profonde à me voir sous ses traits. Je me sentais tout à fait prêt à m'identifier au fils prodigue ou au fils aîné plein de rancune, mais l'idée d'être comme le vieillard qui n'avait plus rien à perdre parce qu'il avait tout perdu, et qui n'avait qu'à donner, me submergeait de peur. Toutefois, Rembrandt est mort à l'âge de soixante-trois ans et je suis beaucoup plus près de cet âge que de celui des deux fils. Rembrandt avait été prêt à se mettre à la place du père, pourquoi pas moi ?

L'année et demie qui s'est écoulée depuis le défi lancé par Sue Mosteller a été un temps où j'ai commencé à intégrer ma paternité spirituelle. Ç'a été une lutte lente et ardue et, parfois, j'éprouve encore le désir de demeurer le fils et de ne pas vieillir. Mais j'ai aussi éprouvé l'immense joie d'accueillir les enfants et de poser mes mains sur eux dans un geste de pardon et de bénédiction. J'en suis venu à connaître en petit ce que cela signifie d'être un père qui ne pose pas de questions et qui souhaite seulement accueillir ses enfants à la maison.

Tout ce que j'ai vécu depuis ma première rencontre avec le tableau de Rembrandt m'a donné non seulement l'inspiration d'écrire ce livre mais aussi m'en a suggéré la structure. Je vais d'abord partager ma réflexion sur le fils cadet, ensuite sur le fils aîné et finalement sur le père. Car, en fait, je suis le fils cadet ; je suis le fils aîné ; et je suis en route pour devenir le père. Et je prie pour vous qui partagerez mon cheminement spirituel, afin que vous puissiez découvrir en vous-mêmes non seulement les enfants perdus de Dieu, mais aussi ce Dieu de miséricorde qui est à la fois père et mère.

PREMIÈRE PARTIE

Le fils cadet

Le plus jeune dit à son père : « Père, donne-moi la part de fortune qui me revient. » Et le père leur partagea son bien. Peu de jours après, rassemblant tout son avoir, le plus jeune fils partit pour un pays lointain et y dissipa son bien en vivant dans l'inconduite.

Quand il eut tout dépensé, une famine sévère survint en cette contrée et il commença à sentir la privation. Il alla se mettre au service d'un des habitants de cette contrée, qui l'envoya dans ses champs garder les cochons. Il aurait bien voulu se remplir le ventre des caroubes que mangeaient les cochons, mais personne ne lui en donnait. Rentrant alors en lui-même, il se dit : « Combien de mercenaires de mon père ont du pain en surabondance, et moi je suis ici à périr de faim ! Je veux partir, aller vers mon père et lui dire : Père, j'ai péché contre le Ciel et envers toi ; je ne mérite plus d'être appelé ton fils, traite-moi comme l'un de tes mercenaires. » Il partit donc et s'en alla vers son père.

Lc 15,12-20

I

Rembrandt et le fils cadet

Ce n'est que quelque temps avant sa mort que Rembrandt peignit le *Fils prodigue*. Ce fut probablement une de ses dernières toiles. Plus je lis de choses à son sujet, plus je la regarde, plus je la vois comme la dernière affirmation d'une vie tumultueuse et tourmentée. De même que son tableau inachevé, *Siméon et l'Enfant Jésus*, le *Fils prodigue* montre la perception que le peintre avait de lui-même à cet âge avancé – une perception où la cécité physique et une vision intérieure profonde sont intimement liées. La façon dont le vieillard Siméon tient l'enfant vulnérable et la façon dont le père âgé embrasse son fils épuisé révèlent une vision intérieure qui nous rappelle une des paroles de Jésus à ses disciples : « Heureux les yeux qui ont vu ce que vous voyez. » (*Lc* 10,23) Et Siméon, et le père du fils prodigue portent à l'intérieur d'eux-mêmes cette lumière mystérieuse qui leur permet de voir. C'est une lumière intérieure qui révèle une beauté tendre qui envahit tout.

Toutefois, cette lumière intérieure est restée longtemps cachée. Pendant plusieurs années, elle fut hors d'atteinte pour Rembrandt. Ce n'est que graduellement et à travers beaucoup d'angoisse qu'il en vint à découvrir cette lumière à l'intérieur de lui-même et, par la suite, à l'intérieur de ceux qu'il peignait. Avant d'être comme le père, Rembrandt fut longtemps le jeune homme orgueilleux qui « rassembla tout son avoir, [...] partit pour un pays lointain et y dissipa son bien [...] ».

Quand je regarde les autoportraits très intériorisés que Rembrandt a produits dans les dernières années et qui expliquent sa grande habileté à peindre Siméon le vieillard, rayonnant de lumière, je ne dois pas oublier que Rembrandt avait toutes les caractéristiques du fils prodigue : audacieux, suffisant, dépensier, sensuel, et très arrogant. À l'âge de trente ans, il fit son portrait en compagnie de sa femme Saskia, comme le fils perdu dans une maison de débauche. Aucune intériorité n'est alors visible. Ivre, la bouche à demi ouverte et les yeux remplis de convoitise sensuelle, il jette un regard de mépris sur ceux qui regardent son portrait, comme s'il disait : « Voyez comme on s'amuse ! » De sa main droite, il lève un verre à moitié vide, tandis que sa main gauche est posée sur le bas du dos d'une fille dont les yeux sont tout aussi sensuels que les siens. Les longs cheveux frisés de Rembrandt, son béret de velours avec une grande plume blanche et l'épée gainée de cuir à poignée dorée, qui touche les deux joyeux noceurs, laissent peu de doutes quant à leurs intentions. Le rideau tiré dans le coin supérieur droit nous fait même penser aux bordels dans le fameux quartier des prostituées d'Amsterdam. En regardant attentivement cet autoportrait sensuel du jeune Rembrandt en fils prodigue, je peux à peine croire que c'est le même homme qui, trente ans plus tard, s'est peint lui-même avec un regard qui pénètre si profondément les mystères cachés de la vie.

Et pourtant, tous les biographes de Rembrandt le dépeignent comme un jeune homme orgueilleux, fortement convaincu de son propre génie et impatient d'explorer tout ce que le monde offre ; un extraverti qui aime le luxe et qui est tout à fait insensible à ceux qui l'entourent. Il ne fait aucun doute qu'une des préoccupations majeures de Rembrandt était l'argent. Il en a gagné beaucoup, en a dépensé beaucoup et en a perdu beaucoup. Une bonne part de son énergie a été perdue dans des procès longs et fastidieux, concernant des règlements financiers et des faillites. Ses autoportraits peints durant la fin de la vingtaine et le début de la trentaine nous révèlent un Rembrandt affamé de gloire et d'adulation, grand amateur de costumes extravagants, préférant les chaînes dorées aux traditionnels collets blancs empesés, et portant des chapeaux bizarres, des bérets, des casques et des turbans. Bien qu'on puisse expliquer cette façon recherchée de s'habiller comme une manière normale de pratiquer et d'illustrer des techniques de peinture, elle nous montre aussi un personnage arrogant qui ne cherchait pas seulement à plaire à ses mécènes.

Cependant, cette courte période de succès, de popularité et de richesse fut suivie de beaucoup de chagrins, de malheurs et de désastres. Tenter de résumer les nombreux malheurs de la vie de Rembrandt peut être accablant. Ils ne sont guère différents de ceux du fils prodigue. Après avoir perdu son fils Rumbartus en 1635, sa première fille Cornelia en 1638 et une deuxième fille, prénommée aussi Cornelia, en 1640, Rembrandt vit mourir Saskia, l'épouse qu'il aimait et admirait profondément, en 1642. Il restait seul avec son fils Titus, âgé de neuf mois. Après la mort de Saskia, la vie de Rembrandt continue d'être marquée d'innombrables souffrances et problèmes. Une relation malheureuse avec la nourrice de Titus, Geertje Dircx, se termina par des poursuites judiciaires et l'internement de Geertje dans un asile ; puis il eut une relation plus stable avec Hendrickje Stoffels. Celle ci lui donna un fils, qui mourut en 1652, et une fille, Cornelia, la seule enfant qui lui survivra.

Au cours de ces années, la popularité de Rembrandt comme peintre s'effondra, même si quelques collectionneurs et critiques continuaient à le reconnaître comme un des grands peintres de son temps. Ses problèmes financiers devinrent tellement sérieux qu'en 1656 Rembrandt fut déclaré insolvable et il dut céder ses propriétés et effets à ses créanciers, afin d'éviter la faillite. Toutes les possessions de Rembrandt, ses œuvres et celles d'autres peintres, sa grande collection d'objets d'art, sa maison d'Amsterdam avec tous ses meubles, furent vendues aux enchères en 1657 et 1658.

Bien qu'il ne se soit jamais complètement libéré de ses dettes et de ses créanciers, Rembrandt réussit, au début de la cinquantaine, à trouver une certaine paix. Pendant cette période, la chaleur croissante et l'intériorité de ses tableaux montrent que les désillusions nombreuses ne l'ont pas rendu amer. Au contraire, elles ont purifié sa façon de voir les choses. Jakob Rosenberg écrit : « Il commença à regarder l'homme et la nature avec un œil encore plus pénétrant, sans se laisser distraire par la splendeur extérieure et l'effet théâtral[1]. » En 1663, Hendrickje mourut et, cinq ans plus tard, Rembrandt fut témoin non seulement du mariage de son fils bien-aimé, Titus, mais aussi de son décès. Lorsqu'il mourut en 1669, Rembrandt était un homme pauvre et seul. Seules sa fille Cornelia, sa belle-fille Magdalene Van Loo et sa petite-fille Titia lui survécurent.

---

1. J. Rosenberg, *Rembrandt : Life and Work*, Londres, New York, Phaidon, 1968.

Quand je regarde le fils prodigue à genoux devant son père, le visage pressé contre sa poitrine, je ne peux m'empêcher de voir cet artiste, autrefois si vénéré et si sûr de lui, qui en est venu à la prise de conscience pénible que toute la gloire qu'il a cueillie pour lui-même s'avère vaine. Au lieu des riches vêtements dont s'était affublé le jeune Rembrandt, lorsqu'il fit son portrait dans le bordel, il ne porte maintenant qu'une tunique déchirée qui couvre à peine son corps décharné, et les sandales, avec lesquelles il a marché si loin, sont usées jusqu'à la corde et inutiles.

Si mon regard glisse du fils repentant au père compatissant, je vois que la lumière brillante reflétée par les chaînes d'or, les harnais, les casques, les chandelles et les lampes cachées s'est atténuée et a été remplacée par la lumière intérieure du vieil âge. C'est le mouvement qui va de la gloire qui séduit quelqu'un et le pousse à chercher toujours davantage la richesse et la popularité, à la gloire cachée dans l'âme humaine et qui transcende même la mort.

2

Le départ du fils cadet

> Le plus jeune dit à son père : « Père, donne-moi la part de fortune qui me revient. » Et le père leur partagea son bien. Peu de jours après, rassemblant tout son avoir, le plus jeune fils partit pour un pays lointain.

Le titre complet du tableau de Rembrandt est, comme on l'a dit : *Le Retour du fils prodigue.* Ce qu'il y a d'implicite dans le retour, c'est le départ. Revenir, c'est le retour chez soi après avoir quitté la maison, un retour en arrière après s'être éloigné. Si le père qui accueille son fils à la maison est tellement heureux, c'est parce que son fils « était mort et il est revenu à la vie ; il était perdu et il est retrouvé ». La joie immense dans l'accueil du fils perdu cache la douleur immense qui a précédé. La retrouvaille cache en arrière-plan la perte, le retour cache le départ sous son manteau. Pour regarder le retour tendre et rempli de joie, il me faut d'abord goûter les événements douloureux qui l'ont précédé. C'est seulement si j'ai le courage d'explorer en profondeur ce que signifie « quitter la maison » que je peux vraiment comprendre le retour. Le jaune-brun doux de la tunique du fils semble beau quand on le joint à la riche harmonie de la cape rouge du père, mais la vérité, c'est que le fils est vêtu de haillons qui trahissent la grande misère qu'il a laissée derrière lui. Dans le contexte de l'étreinte compatissante, notre blessure peut sembler belle, mais cette blessure n'a d'autre beauté que celle qui lui vient de la compassion qui l'entoure.

Pour comprendre vraiment le mystère de la compassion, je dois regarder honnêtement la réalité qu'elle évoque. Le fait demeure que, bien avant que le fils se lève et revienne, il a d'abord dit à son père : « Donne-moi la part de fortune qui me revient », puis il a rassemblé tout son avoir et il est parti. L'évangéliste Luc le raconte d'une façon tellement simple et comme si cela allait de soi, qu'on a de la difficulté à réaliser pleinement qu'il se passe ici quelque chose d'inusité : c'est blessant, offensant et en contradiction radicale avec la tradition la plus respectée du temps. Dans son explication pénétrante de la parabole de Luc, Kenneth Bailey montre que la façon de partir du fils équivaut à vouloir la mort de son père. Bailey écrit :

Ça fait quinze ans que je demande à des personnes de toutes conditions, du Maroc jusqu'à l'Inde et de la Turquie jusqu'au Soudan, quelles seraient les implications si un fils demandait son héritage pendant que son père est encore vivant. La réponse sans équivoque a toujours été la même…

– Est-ce que quelqu'un a déjà fait une demande semblable dans votre village ?

– Jamais !

– Est-ce que quelqu'un pourrait faire une telle demande ?

– Impossible !

– Si quelqu'un osait le faire, qu'arriverait-il ?

– Son père le battrait, bien sûr !

– Pourquoi ?

– Parce que la demande signifie qu'il souhaite la mort de son père[1].

Bailey explique que le fils demande non seulement le partage de l'héritage, mais aussi le droit de disposer de sa part. « Après avoir cédé ses possessions à son fils, le père a encore le droit de profiter de l'usufruit… aussi longtemps qu'il vivra. Ici, le

1. Kenneth E. Bailey, *Poet and Peasant and through Peasant Eyes : A Literary-Cultural Approach to the Parables*, Grand Rapids, Eerdmans, 1983, p. 161-162.

fils cadet reçoit, ce qui suppose qu'il a demandé la disposition de ce à quoi, de façon plus explicite, il n'a pas droit avant la mort de son père. L'implication "Père, je ne peux pas attendre que tu sois mort" sous-tend les deux demandes[1]. »

Le « départ » du fils est, par conséquent, une offense beaucoup plus grave qu'il n'apparaît à première vue. C'est un rejet cruel de la maison dans laquelle le fils est né et a été nourri, en plus d'une rupture avec la précieuse tradition qui a été soigneusement maintenue dans la communauté plus large à laquelle il appartient. Quand Luc écrit : « Il partit pour un pays lointain », il dit beaucoup plus que le désir d'un jeune homme de voir le monde. Il parle d'une coupure radicale de la façon de vivre, de penser et d'agir qui lui a été transmise de génération en génération, comme un bien sacré. Plus qu'un manque de respect, c'est une trahison des valeurs précieuses de la famille et de la communauté. Le « pays lointain », c'est le monde dans lequel tout ce qui est considéré comme sacré à la maison est rejeté.

Cette explication est pleine de sens pour moi, non seulement parce qu'elle me donne une compréhension juste de la parabole dans son contexte historique, mais aussi – et surtout – parce qu'elle m'invite à me reconnaître dans le fils cadet. Au

---

1. *Ibid.*, p. 164.

début, il m'a été difficile de découvrir dans ma propre vie une telle rébellion. Rejeter les valeurs de mon propre héritage ne fait pas partie de celui que je pense être. Mais, si je prends le temps de regarder les façons plus ou moins subtiles qui m'ont fait préférer le pays lointain à la maison toute proche, alors le fils cadet émerge rapidement. Je parle ici de quitter « spirituellement » la maison – ce qui est très différent du fait concret d'avoir passé la plupart de ma vie en dehors de ma Hollande bien-aimée.

Plus que toute autre histoire dans l'Évangile, la parabole du « fils prodigue » exprime l'immensité de l'amour compatissant de Dieu. Et quand je me place au centre de cette histoire sous la lumière de cet amour divin, je découvre douloureusement que quitter la maison est beaucoup plus près de mon expérience spirituelle que je n'aurais pu le croire.

Le tableau de Rembrandt montrant le père qui accueille son fils comporte très peu de mouvement extérieur. Contrairement au croquis de 1636 du fils prodigue – où l'action abonde, le père courant au-devant de son fils et celui-ci se jetant aux pieds de son père – le tableau conservé à l'Ermitage, peint une trentaine d'années plus tard, est d'une immobilité totale. Le geste du père exprime une bénédiction sans fin ; le fils qui repose contre la poitrine de son père, une paix éternelle. Christian Tümpel écrit : « Le moment de l'accueil et du pardon, dans l'immobilité de sa composition, dure sans fin. Le mouvement du père et du fils parle de quelque chose qui ne passe pas, mais qui dure toujours[1]. » Jakob Rosenberg résume cette vision de façon très belle : « Le groupe père-fils est extérieurement sans mouvement, mais intérieurement, tout bouge [...] l'histoire traite non pas de l'amour humain d'un père charnel [...], ce qu'elle signifie et représente ici, c'est l'amour divin et la compassion, avec son pouvoir de transformer la mort en vie[2]. »

Sourd à la voix de l'amour

Quitter la maison est donc beaucoup plus qu'un événement historique lié au temps et à l'espace. C'est le refus de la réalité spirituelle qui fait que j'appartiens à Dieu avec chaque fibre de mon être, que Dieu me tient en sécurité dans une étreinte éternelle, que je suis gravé dans la paume des mains de Dieu et caché sous leur ombre. Quitter la maison signifie ignorer que Dieu m'a « façonné dans le secret, formé dans les profondeurs de la terre et tissé dans le sein de ma mère »

1. Christian Tümpel, *Rembrandt*, Amsterdam, NJW Becht, 1986.
2. J. Rosenberg, *op. cit.*, p. 231 et 234.

(*Ps* 139,13-15). Quitter la maison, c'est vivre comme si je n'avais pas déjà une maison, et que je devais chercher de tous côtés pour en trouver une.

La maison, c'est le centre de mon être, là où je peux entendre la voix qui dit : « Tu es mon Bien-aimé, celui qui a ma faveur » – la même voix qui a donné la vie au premier Adam et qui a parlé à Jésus, le second Adam ; la même voix qui s'adresse à tous les enfants de Dieu et les libère, pour qu'ils vivent au milieu d'un monde de ténèbres tout en demeurant dans la lumière. J'ai entendu cette voix. Elle m'a parlé dans le passé et continue de le faire maintenant. C'est la voix ininterrompue de l'amour qui parle de toute éternité pour donner la vie et l'amour lorsqu'elle est entendue. Quand j'entends cette voix, je sais que je suis à la maison avec Dieu et que je n'ai rien à craindre. Comme le Bien-aimé, je peux « guérir les malades, ressusciter les morts, purifier les lépreux, chasser les démons » (*Mt* 10,8). Ayant « reçu gratuitement », je peux « donner gratuitement ». Comme le Bien-aimé, je peux confronter, consoler, reprendre et encourager sans crainte d'être rejeté et sans avoir besoin d'être approuvé. Comme le Bien-aimé, je peux souffrir la persécution sans désir de vengeance et recevoir des louanges sans les utiliser pour justifier ma bonté. Comme le Bien-aimé, je peux être torturé et tué, sans jamais avoir à douter que l'amour qui m'est donné est plus fort que la mort. Comme le Bien-aimé, je suis libre de vivre et de donner la vie, libre aussi de mourir tout en donnant la vie.

Jésus m'a fait comprendre que moi aussi, je peux entendre la même voix qu'il a entendue au Jourdain et au mont Thabor. Il m'a fait comprendre que, de même qu'il a sa demeure auprès de son Père, il peut en être ainsi pour moi. Lorsqu'il priait son Père pour ses disciples, il disait : « Ils ne sont pas du monde, comme moi je ne suis pas du monde. Sanctifie-les (mets-les à part) dans la vérité : ta parole est vérité. Comme tu m'as envoyé dans le monde, moi aussi, je les ai envoyés dans le monde. Pour eux, je me sanctifie moi-même, afin qu'ils soient, eux aussi, sanctifiés dans la vérité. » (*Jn* 17,16-19) Ces paroles révèlent ma vraie demeure, mon véritable chez-moi, ma vraie maison. La foi, c'est la certitude absolue que la maison a toujours été là et qu'elle sera toujours là. Les mains quelque peu raidies du père, qui reposent sur les épaules du fils prodigue, répandent une bénédiction divine permanente : « Tu es mon bien-aimé, tu as toute ma faveur. »

Et pourtant, je n'ai cessé de quitter la maison. Je me suis enfui loin des mains bénies, pour m'évader au loin à la recherche de l'amour ! C'est là la grande tragédie de ma vie et celle de tant de personnes que je croise en chemin. D'une certaine manière, je suis devenu sourd à la voix qui m'appelle le Bien-aimé, j'ai quitté le seul endroit où je peux entendre cette voix et j'ai erré en vain, souhaitant désespérément trouver ailleurs ce que je ne pouvais plus trouver à la maison.

À première vue, cela semble tout à fait incroyable. Pourquoi devrais-je quitter le lieu où je peux entendre tout ce que j'ai besoin d'entendre ? Plus je réfléchis à cette question, plus je réalise que la vraie voix de l'amour est une voix douce et subtile, qui me parle dans les endroits les plus cachés de mon cœur. Ce n'est pas une voix bruyante qui s'impose de force à moi pour attirer mon attention. C'est la voix d'un père presque aveugle qui a pleuré beaucoup, et qui a connu plusieurs morts. C'est une voix qui ne peut être entendue que par ceux et celles qui acceptent de se laisser toucher.

Sentir la bénédiction des mains de Dieu et entendre la voix qui m'appelle le Bien-aimé, c'est une seule et même chose. Le prophète Élie avait compris cela clairement lorsqu'il était debout sur la montagne pour rencontrer Dieu. Il y eut d'abord un ouragan, mais Dieu n'était pas dans l'ouragan. Puis il y eut un tremblement de terre, mais Dieu n'était pas dans le tremblement de terre ; il y eut un feu, mais Dieu n'y était pas non plus. Finalement, il y eut quelque chose de très doux, que certains nomment une brise légère et d'autres, une petite voix. Quand Élie sentit cela, il se couvrit la face parce qu'il savait que Dieu était présent. Dans la tendresse de Dieu, la voix était le toucher et le toucher était la voix (voir *1 R* 19,11-13).

Mais il y a beaucoup d'autres voix, des voix qui sont bruyantes, pleines de promesses et de séduction. Ces voix disent : « Va et prouve que tu es quelqu'un. » Aussitôt après avoir entendu la voix qui l'appelait Bien-aimé, Jésus fut conduit au désert où il entendit ces autres voix. Elles lui conseillaient de prouver qu'il était digne d'amour, en étant rempli de succès, populaire et puissant. Ces mêmes voix me sont également familières. Elles sont toujours là et sans cesse elles m'atteignent dans ces zones intérieures où je remets en question ma rectitude et où je doute de ma propre valeur. Elles me laissent entendre que je ne serai pas aimé sans l'avoir gagné par un travail ardu. Elles veulent que je me prouve, à moi-même et aux autres, que je mérite d'être aimé, et elles me poussent constamment à faire tout ce qui est possible pour être accepté. Elles nient fortement que l'amour est un don tout à fait gratuit. Je quitte la maison chaque fois que je perds confiance dans cette voix qui m'appelle le Bien-aimé, pour marcher à la suite des voix qui m'offrent toute une variété de moyens de gagner cet amour que je désire si fortement.

Dès que j'ai eu des oreilles pour entendre, j'ai entendu ces voix et elles ne m'ont pas quitté depuis. Elles me sont venues par mes parents, mes amis, mes professeurs et mes collègues, mais surtout elles continuent de venir à travers les communications de masse qui m'entourent. Et elles me disent : « Montre-moi que tu es un bon garçon. Tu fais mieux d'être meilleur que ton ami ! Comment sont tes résultats scolaires ? Il faut que tu réussisses au collège ! J'espère que tu vas réussir ! Qui sont tes “amis influents” ? Es-tu certain que tu veux être l'ami de ces gens-là ? Ces trophées sont la preuve certaine que tu étais un excellent joueur ! Ne montre pas ta faiblesse, car on va t'exploiter ! As-tu fait les arrangements nécessaires pour assurer ton avenir ? Quand tu cesses de produire, les gens se désintéressent de toi ! Quand tu es mort, tu es mort ! »

Tant que je reste relié à la voix qui m'appelle le Bien-aimé, ces questions et ces conseils sont plutôt inoffensifs. Les parents, les amis et les professeurs, même ceux qui me parlent à travers les médias, sont généralement très sincères dans leurs préoccupations. Les avertissements et les conseils sont bien intentionnés. En fait, ce pourrait être des expressions humaines limitées d'un amour divin illimité. Mais quand j'oublie la voix du premier amour inconditionnel, alors ces suggestions innocentes peuvent facilement dominer ma vie et m'entraîner vers « le pays lointain ». Ce n'est pas très difficile pour moi de m'en apercevoir. La colère, la rancune, la jalousie, le désir de vengeance, la convoitise, la cupidité, les antagonismes et les rivalités sont des signes évidents que j'ai quitté la maison. Et cela arrive très facilement. Quand j'observe attentivement ce qui se passe en moi tout au long du jour, j'en arrive à la découverte déconcertante qu'il y a très peu de moments dans ma journée où j'échappe à l'emprise de ces sombres émotions, passions et sentiments.

Retombant sans cesse dans mon vieux piège, avant même que j'en prenne conscience, je me retrouve en train de me demander pourquoi telle personne m'a blessé, rejeté, ou n'a pas fait attention à moi. Sans même le réaliser, me voilà en train de bouder les succès des autres, de ruminer sur ma propre solitude et sur la façon dont le monde m'exploite. Malgré mes intentions conscientes, je me surprends souvent à rêver que je suis riche, puissant et très célèbre. Tous ces jeux de l'esprit me révèlent combien fragile est ma conviction que je suis le Bien-aimé qui a la faveur de Dieu. J'ai tellement peur de n'être pas aimé, d'être blâmé, écarté, écrasé, ignoré, persécuté et tué, que je développe sans cesse des stratégies pour me défendre, m'assurant ainsi l'amour dont j'ai besoin et que je crois avoir mérité. En agissant ainsi, je m'éloigne de la maison de mon père et je choisis de demeurer dans un « pays lointain ».

Chercher là où l'on ne peut trouver

L'enjeu ici, c'est : « À qui est-ce que j'appartiens ? À Dieu ou au monde ? » Beaucoup de mes préoccupations quotidiennes laissent croire que j'appartiens davantage au monde qu'à Dieu. Une simple critique me met en colère et un petit rejet me déprime. Un peu de louange me stimule et un léger succès m'excite. Il suffit de peu de chose pour m'encourager ou me terrasser. Souvent, je suis comme un bateau léger sur la mer, complètement à la merci des vagues. Le temps et l'énergie que je dépense à essayer de conserver un tant soit peu d'équilibre pour ne pas me noyer montrent que ma vie est avant tout une lutte pour la survie : pas une lutte sainte, mais une lutte angoissée provenant de l'idée fausse que c'est le monde qui me définit.

Tant que je passe mon temps à courir à gauche et à droite pour demander : « Est-ce que tu m'aimes ? Est-ce que tu m'aimes vraiment ? », je donne tout pouvoir aux voix du monde et je me réduis à l'état d'esclave, parce que le monde est rempli de « si ». Le monde dit : « Oui, je t'aime si tu es beau, intelligent et riche. Je t'aime si tu as une bonne éducation, un bon emploi et si tu as de bonnes relations. Je t'aime si tu es très productif, si tu vends beaucoup et consommes beaucoup. » Il y a des « si » sans fin, cachés dans l'amour du monde, des « si » qui me tiennent en esclavage, puisque c'est impossible de répondre à toutes leurs exigences. L'amour du monde est et sera toujours conditionnel. Aussi longtemps que je chercherai mon être véritable dans le monde de l'amour conditionnel, je resterai accroché au monde – essayant, manquant mon coup et essayant à nouveau. C'est un monde qui favorise les dépendances, parce que ce qu'il offre ne peut satisfaire l'aspiration la plus profonde de mon cœur.

Dépendance semble être le mot le plus juste pour expliquer l'égarement qui imprègne si profondément la société contemporaine. Nos dépendances nous font nous accrocher à ce que le monde proclame être les clés de la réussite : accumulation de richesses et de pouvoir ; accession à un certain statut et désir d'être admiré ; consommation surabondante de boissons et de nourriture, et gratification sexuelle, sans faire la distinction entre la luxure et l'amour. Ces dépendances créent des attentes qui ne peuvent que décevoir nos besoins les plus profonds. Tant que nous vivons sous l'emprise des illusions du monde, nos dépendances nous condamnent à une quête futile en « pays lointain », nous laissant aux prises avec une série de désillusions, alors que notre moi demeure aliéné. Dans un monde où les dépendances se multiplient, nous avons erré loin de la maison de notre Père. Cette vie d'esclave peut être à juste titre désignée comme une vie vécue « en terre lointaine ». C'est de là que monte notre appel à la délivrance.

Je suis le fils prodigue chaque fois que je cherche l'amour inconditionnel là où il ne peut être trouvé. Pourquoi est-ce que je continue à ignorer la place du véritable amour et que je persiste à le chercher ailleurs ? Pourquoi est-ce que je continue à quitter la maison où je suis appelé un enfant de Dieu, le Bien-aimé de mon Père ? Je suis toujours étonné de voir comment je continue à prendre les dons reçus de Dieu – ma santé, mes dons intellectuels et émotionnels – et à les utiliser pour impressionner les gens, recevoir l'approbation et la louange, et rivaliser en vue des récompenses humaines, au lieu de les développer pour la gloire de Dieu. Oui, je les transporte vers « un pays lointain » et je les mets au service d'un monde exploiteur qui ne connaît pas leur véritable valeur. C'est comme si je voulais prouver, à moi-même et à ce monde, que je n'ai pas besoin de l'amour de Dieu, que je peux me faire une petite vie à moi, que je veux être complètement indépendant. Sous-jacent à tout cela, il y a la grande révolte, le « non » radical à l'amour du Père, le désir muet : « Je voudrais que tu sois mort. » Le « non » du fils prodigue reflète la révolte originelle d'Adam : son rejet du Dieu qui nous a créés par amour et qui nous maintient par amour. C'est la révolte qui me place hors du paradis, hors d'atteinte de l'arbre de vie. C'est la révolte qui me fait me perdre dans « le pays lointain ».

Quand je regarde à nouveau le tableau de Rembrandt montrant le retour du fils cadet, je vois maintenant qu'il y a beaucoup plus qu'un simple geste de compassion envers un enfant égaré. L'événement majeur que je vois, c'est la fin de la grande révolte. La révolte d'Adam et de tous ses descendants est pardonnée, et la bénédiction originelle par laquelle Adam a reçu la vie éternelle est restaurée. Il m'apparaît maintenant que ces mains ont toujours été tendues – même quand il n'y avait pas d'épaules sur lesquelles se poser. Dieu n'a jamais retiré ses bras, n'a jamais refusé sa bénédiction, n'a jamais cessé de considérer son fils comme le Bien-aimé. Mais le Père ne pouvait pas forcer son fils à rester à la maison. Il ne pouvait pas imposer son amour au Bien-aimé. Il devait le laisser partir librement, même s'il savait la souffrance qui en résulterait pour son fils, comme pour lui-même. C'est l'amour même qui l'empêchait de garder son fils à la maison, à tout prix. C'est l'amour même qui lui a permis de laisser son fils trouver sa propre vie, au risque même de la perdre.

C'est ici que le mystère de ma vie est dévoilé. Je suis tellement aimé qu'on me laisse libre de quitter la maison. La bénédiction est là, depuis le début. Je l'ai quittée et continue de le faire. Mais le Père est toujours là à m'attendre, les bras ouverts pour me recevoir et murmurer à mon oreille : « Tu es mon Bien-aimé, tu as toute ma faveur. »

3

Le retour du fils cadet

> Il dissipa son bien en vivant dans l'inconduite. Quand il eut tout dépensé, une grande famine survint en cette contrée et il commença à sentir la privation. Il alla se mettre au service d'un des habitants de ce pays, qui l'envoya dans ses champs garder les cochons. Il aurait bien voulu se remplir le ventre des caroubes que mangeaient les cochons, mais personne ne lui en donnait. Rentrant alors en lui-même, il se dit : « Combien de journaliers de mon père ont du pain en surabondance, et moi je suis ici à périr de faim ! Je veux partir, aller vers mon père et lui dire : Père, j'ai péché contre le Ciel et contre toi ; je ne mérite plus d'être appelé ton fils, traite-moi comme l'un de tes journaliers. » Il partit donc et s'en alla vers son père.

Le jeune homme que le père tient dans ses bras et qu'il bénit est un pauvre, un très pauvre homme. Il a quitté la maison plein d'orgueil et bourré d'argent, déterminé à vivre sa vie loin de son père et de sa communauté. Il revient avec rien : son argent, sa santé, son honneur, le respect de lui-même, sa réputation… tout a été gaspillé.

Rembrandt laisse peu de doute quant à sa condition. Sa tête est rasée. Il n'est plus question de la longue chevelure frisée de l'autoportrait de Rembrandt, comme le fier et arrogant fils prodigue dans le bordel. Sa tête ressemble à celle d'un prisonnier dont le nom a été remplacé par un numéro. Quand la tête d'un homme est rasée, que ce soit à la prison ou dans l'armée, dans un rituel obscur ou dans un camp de concentration, on lui vole une des marques de son individualité. Les vêtements dont l'affuble Rembrandt sont des sous-vêtements qui couvrent à peine son corps émacié. Le père ainsi que l'homme à la haute taille qui observe la scène portent de grandes capes rouges qui leur confèrent prestige et dignité.

Le fils agenouillé est sans manteau. La tunique déchirée couvre à peine son corps épuisé de fatigue, dont toute force a disparu. La plante de ses pieds raconte l'histoire d'un long et humiliant voyage. Le pied gauche, dont la sandale est détachée, porte des cicatrices. Le pied droit, à demi chaussé d'une sandale déchirée, parle aussi de souffrance et de misère. C'est un homme dépossédé de tout… sauf d'une chose, son épée. Le seul signe qu'il lui reste de sa dignité, c'est la courte épée qui pend de sa hanche : l'emblème de sa noblesse. Même au milieu de sa déchéance, il s'était accroché à la vérité qu'il était toujours le fils de son père. Autrement, il aurait vendu sa précieuse épée, symbole de sa dignité de fils. L'épée est là pour me montrer que, bien qu'il soit revenu comme un mendiant et un proscrit, il n'avait pas oublié qu'il était toujours le fils de son père. C'est cette condition de fils, estimée et jamais oubliée, qui l'a finalement décidé à revenir.

J'ai devant moi un homme qui s'est égaré profondément dans une terre étrangère, et qui a perdu tout ce qu'il avait emporté. Je vois le vide, l'humiliation et la défaite. Lui qui ressemblait tellement à son père est maintenant dans une condition pire que celle des serviteurs de son père. Il est devenu comme un esclave.

Qu'est-il arrivé au fils en terre étrangère ? À part toutes les conséquences physiques et matérielles, quelles furent les conséquences intérieures de son départ de la maison ? La suite des événements est facile à prévoir. Plus je m'éloigne du lieu en moi où Dieu habite, moins je deviens capable d'entendre la voix qui m'appelle le Bien-aimé, et moins j'entends cette voix, plus je deviens une proie facile pour les manipulations et les jeux de pouvoir de ce monde.

Le scénario est simple : je ne suis plus tellement certain d'avoir une maison sûre, et je remarque d'autres personnes qui ont l'air d'être plus à l'aise que moi. Je me demande comment faire pour arriver là où elles sont. Je travaille fort pour plaire, pour réussir, pour être reconnu. Si j'échoue, je ressens de la jalousie et de l'amertume envers ces personnes. Quand je réussis, je m'inquiète que d'autres deviennent envieux ou jaloux de moi. Je deviens soupçonneux et sur la défensive et j'ai toujours peur de ne pas atteindre ce que je cherche tant, ou de perdre ce que j'ai déjà. Pris dans cet enchevêtrement de besoins et de désirs, j'en viens à ne plus connaître mes propres motivations. Je me sens victime de mon entourage et je me méfie de ce que les autres font ou disent. Toujours sur mes gardes, je perds ma liberté intérieure et je commence à diviser le monde entre ceux qui sont pour moi, et ceux qui sont contre moi. Je me demande si quelqu'un s'intéresse vraiment à moi. Et je me mets à chercher des preuves qui justifient ma méfiance. Et, où que j'aille, j'en trouve et je dis : On ne peut se fier à personne. Et alors, je me demande s'il y a *quelqu'un* qui m'ait jamais vraiment aimé. Le monde autour de moi devient ténèbres. Mon cœur s'alourdit. Mon corps est rempli de souffrances. Ma vie perd tout son sens. Je deviens un être perdu.

Le fils cadet a pris pleinement conscience qu'il était perdu quand il n'y eut plus personne dans son entourage pour lui manifester de l'intérêt. Ils ont fait attention à lui aussi longtemps qu'il pouvait servir leurs intérêts. Mais quand il ne lui resta plus d'argent à dépenser ni de cadeau à donner, il cessa d'exister pour eux. C'est difficile pour moi d'imaginer ce que signifie être un parfait étranger, une personne à qui on ne manifeste aucun signe de reconnaissance. La vraie solitude vient quand on a l'impression de n'avoir plus rien en commun avec autrui. Quand personne ne voulut lui donner la nourriture que lui-même distribuait aux cochons, le fils cadet comprit qu'il n'était même plus considéré comme un être humain. Je ne suis que partiellement conscient de mon grand besoin d'être accepté, à un certain degré. Des antécédents semblables, l'histoire, la vision, la religion ; des relations communes, un style de vie, des coutumes ; un même âge et une même profession : telles sont souvent les bases de l'acceptation d'autrui. Chaque fois que je rencontre une personne pour la première fois, je cherche toujours quelque chose que nous avons en commun. Cette réaction me semble normale, spontanée. Quand je dis : « Je viens de la Hollande », la réponse est souvent : « Oh ! j'y suis déjà allé », ou bien : « J'ai un ami là-bas », ou encore : « Oh ! les moulins à vent, les tulipes et les sabots de bois ! »

Quelle que soit la réaction, il y a toujours la recherche mutuelle d'un point commun. Moins nous avons de points communs, plus il est difficile d'être ensemble et plus nous nous sentons étrangers. Quand je ne connais ni la langue ni les coutumes des autres, quand je ne comprends pas leur façon de vivre ou leur religion, leurs rituels ou leur art, quand je ne connais pas leur nourriture ou leur façon de manger... alors je me sens encore plus étranger et perdu.

Quand le fils cadet cessa d'être considéré comme un être humain par son entourage, il sentit la profondeur de son isolement, la pire solitude qu'on puisse éprouver. Il était complètement perdu et c'est cet état de perdition totale qui l'a réveillé. Il a pris brutalement conscience de son aliénation extrême et, soudain, il a compris qu'il s'était engagé sur le chemin de la mort. Il était tellement décroché de ce qui donne la vie – une famille, des amis, une communauté, des connaissances et même de la nourriture – qu'il réalisa que la mort serait la prochaine étape. D'un seul coup, il vit clairement le chemin qu'il avait choisi et que cela le conduisait à la mort : un seul pas de plus dans la même direction et c'en était fait de lui.

À ce moment critique, qu'est-ce qui lui a permis de choisir la vie ? Ce fut la redécouverte de son être le plus profond.

S'approprier son enfance

Peu importe ce qu'il avait perdu, que ce soit son argent, ses amis, sa réputation, l'estime de soi, sa joie et sa paix intérieure, il était toujours l'enfant de son père. Et c'est pourquoi il se dit : « Combien de journaliers de mon père ont du pain en surabondance, et moi je suis ici à périr de faim ! Je veux partir, aller vers mon père et lui dire : Père, j'ai péché contre le Ciel et contre toi ; je ne mérite plus d'être appelé ton fils, traite-moi comme l'un de tes journaliers. » Grâce à ces paroles entendues dans son cœur, il a été capable de se lever, de quitter la terre étrangère et de rentrer à la maison.

La signification du retour du fils cadet est exprimée de façon succincte par ces mots : « Père [...] je ne mérite plus d'être appelé ton fils. » D'une certaine façon, le fils cadet réalise qu'il a perdu sa dignité de fils, mais en même temps, ce sens de dignité perdue le rend aussi conscient qu'il est vraiment le *fils* qui avait une dignité à perdre.

Le retour du fils cadet se produit au moment précis où il fait appel à sa condition de fils, même s'il a perdu toute la dignité qui s'y rattache. En fait, c'est la perte de tout qui l'a amené au cœur même de son identité. Il a touché le fond de sa condition de fils. En rétrospective, il semble qu'il fallait que le fils prodigue perde tout, pour entrer en contact avec le tréfonds de son être. Quand il s'est vu souhaitant être traité comme l'un des cochons, il a pris conscience qu'il n'était pas un cochon mais un être humain, le fils de son père. Cette prise de conscience est devenue le fondement de son choix de vivre plutôt que de mourir. Une fois qu'il eut repris contact avec la vérité de sa condition de fils, il a pu entendre – bien que faiblement – la voix qui l'appelait le Bien-aimé, et sentir – bien que de façon distante – le toucher de la bénédiction. Cette prise de conscience et cette certitude de l'amour de son père, même si c'était dans une sorte de brouillard, lui ont donné la force de revendiquer pour lui-même sa condition de fils, même si cette revendication ne s'appuyait sur aucun mérite.

Il y a quelques années, j'ai été moi-même très concrètement confronté au même choix : revenir ou ne pas revenir. Une amitié qui, au début, semblait pleine de promesses et de vitalité, m'entraîna progressivement de plus en plus loin de ma maison, au point que j'en devins complètement obsédé. Au plan spirituel, j'étais en train de gaspiller tout ce que j'avais reçu de mon père au profit de cette amitié. J'étais devenu incapable de prier. J'avais perdu tout intérêt à mon travail et je trouvais de plus en plus difficile de prêter attention aux préoccupations des autres. Tout en réalisant combien mes pensées et mes actes me détruisaient lentement, je continuais d'être entraîné par mon cœur assoiffé d'amour vers des façons trompeuses de regagner ma propre estime.

Finalement, quand l'amitié fut rompue complètement, j'ai dû faire le choix entre me détruire moi-même ou croire que l'amour que je cherchais tant existait vraiment… à la maison ! Une voix, si ténue fût-elle, me murmurait qu'aucun être humain ne serait jamais capable de me donner l'amour que je cherchais si fort, aucune amitié, aucune relation intime, aucune communauté ne serait jamais capable de satisfaire les besoins les plus profonds de mon cœur égaré. La douce et persistante voix m'a parlé de ma vocation, de mes premiers engagements, des dons nombreux reçus dans la maison de mon père. Cette voix m'appelait « fils ».

L'angoisse d'être abandonné était si mordante qu'il m'était difficile, presque impossible de faire confiance à cette voix. Voyant mon désespoir, des amis m'ont supplié de surmonter mon angoisse et de croire qu'il y avait quelqu'un qui m'attendait à la maison. Finalement, j'ai choisi de me ressaisir plutôt que de me dissiper et je suis parti vers un endroit où je pourrais être seul. Là, dans la solitude, j'entrepris lentement – et non sans hésitation – mon retour à la maison, entendant de plus en plus clairement la voix qui me disait : « Tu es mon Bien-aimé, tu as toute ma faveur. »

Cette expérience douloureuse mais remplie d'espérance m'amena au cœur même de la lutte spirituelle pour le vrai choix. Dieu dit : « Je te propose la vie ou la mort, la bénédiction ou la malédiction. Choisis donc la vie, pour que toi et ta postérité vous viviez, aimant Yahvé ton Dieu, écoutant sa voix, t'attachant à lui… » (*Dt* 30,19-20) En effet, c'est une question de vie ou de mort. Acceptons-nous la domination du monde qui nous emprisonne, ou est-ce que nous revendiquons la liberté des enfants de Dieu ? *Nous* devons choisir.

Judas a trahi Jésus. Pierre l'a renié. Tous deux étaient des enfants perdus. Judas, incapable de croire qu'il était toujours l'enfant de Dieu, s'est pendu. En comparaison avec le fils prodigue, il a vendu l'épée de sa condition de fils. Pierre, au milieu de son désespoir, s'en est prévalu et il est revenu tout en larmes. Judas a choisi la mort. Pierre a choisi la vie. Je constate que ce choix est toujours devant moi. Je suis constamment tenté de me plonger dans mon propre égarement et de perdre contact avec ma bonté originelle, avec l'humanité qui m'a été donnée par Dieu, avec ma bénédiction fondamentale, permettant ainsi au pouvoir de la mort de me submerger. Cela se répète sans cesse, chaque fois que je me dis : « Je ne vaux rien. Je ne sers à rien. Je suis sans valeur. Je ne suis pas aimable. Je ne suis personne. » Il y a toujours une foule d'événements et de situations que je peux nommer pour me convaincre, moi aussi bien que les autres, que ma vie ne vaut pas la peine d'être vécue, que je ne suis qu'un fardeau, un problème, une source de conflits, ou que j'abuse du temps et des énergies des autres. De nombreuses personnes vivent avec cette sombre image d'elles-mêmes. Contrairement au fils prodigue, elles laissent la noirceur les absorber si complètement qu'il n'y a plus de lumière vers laquelle se tourner et revenir. Ces personnes ne se suicideraient pas physiquement, mais spirituellement, elles ne sont plus vivantes. Elles ont perdu foi en leur bonté originelle et, par conséquent, en ce Père qui leur a donné leur humanité.

Mais quand Dieu créa l'homme et la femme à son image, il vit que « cela était très bon » et, malgré les voix ténébreuses, aucun homme et aucune femme ne peuvent changer cela.

Choisir ma propre condition de fils, toutefois, ce n'est pas facile. Les voix ténébreuses du monde environnant essaient de me persuader que je ne suis pas bon et que je peux le devenir seulement si je gagne cette bonté à la force des poignets. Ces voix sombres m'amènent à oublier rapidement la voix qui m'appelle « mon fils, le Bien-aimé », et qui me rappelle que je suis aimé indépendamment de mes réussites ou de mes succès. Les voix sombres étouffent la voix douce, paisible, lumineuse, celle qui continue de m'appeler « mon préféré » ; elles me tirent vers la périphérie de mon existence et me font douter qu'il y a un Dieu d'amour qui m'attend au cœur même de mon être.

Mais quitter la terre étrangère n'est que le commencement. Le retour à la maison est long et pénible. Que faire sur le chemin du retour au Père ? Ce que le fils prodigue fait est très clair. Il prépare un scénario. Se souvenant de sa condition de fils, il se dit à lui-même : « Je veux partir, aller vers mon Père et lui dire : Père, j'ai péché contre le Ciel et contre toi ; je ne mérite plus d'être appelé ton fils, traite-moi comme l'un de tes journaliers. » En lisant ces paroles, je suis très conscient que ma vie intérieure est remplie de paroles semblables. En fait, je suis presque toujours en rencontre imaginaire dans ma tête, où je me justifie moi-même, je me vante ou je m'excuse, je proclame ou je défends, j'invoque la louange ou la pitié. Il semble que je suis constamment impliqué dans de longs dialogues avec des partenaires absents, prévoyant leurs questions et préparant mes réponses. Je suis étonné de la quantité d'énergie émotionnelle qui passe dans ces ruminations et ces murmures intérieurs. Oui, je *suis en train* de quitter la terre étrangère. Oui, je *suis* sur le chemin du retour à la maison… mais pourquoi cette longue préparation pour des discours qui ne seront jamais prononcés ?

La raison en est claire. Bien que je me réclame de ma véritable identité d'enfant de Dieu, je vis encore comme si le Dieu auquel je retourne exigeait une explication. Je pense encore que son amour est conditionnel et je ne suis pas tout à fait sûr de cet endroit que j'appelle « la maison ». Tout en marchant vers la maison, j'entretiens encore des doutes sur l'accueil que je recevrai. Quand je revois mon cheminement spirituel, mon long et épuisant retour à la maison, je vois toute ma culpabilité par rapport au passé et toute mon inquiétude face à l'avenir. Je suis conscient de mes fautes et je sais que j'ai perdu la dignité de ma condition de fils, mais je ne suis pas encore capable de croire vraiment que là où mon péché abonde, « la grâce surabonde » *(Rm* 5, 20). Toujours agrippé à mon sentiment de nullité, je crois devoir accepter une place bien inférieure à celle qui appartient au fils. La croyance à un pardon total et absolu ne va pas de soi. Mon expérience humaine m'apprend que le pardon est soumis à la volonté de l'autre de dépasser sa vengeance, pour me montrer une certaine dose de charité.

Le long chemin du retour

Le retour du fils prodigue est plein d'ambiguïtés. Il s'avance dans la bonne direction, mais quelle confusion ! Il reconnaît avoir été incapable de s'en sortir seul et admet qu'il serait mieux traité comme esclave dans la maison de son père, que comme un proscrit dans une terre étrangère, mais il est encore loin de faire pleinement confiance en l'amour de son père. Il sait qu'il est encore le fils, mais se dit qu'il a perdu la dignité d'être appelé « fils », et il se prépare à accepter le statut de « journalier » afin de survivre. Il y a du repentir, mais pas le repentir qui s'appuie sur l'immense amour d'un Dieu miséricordieux. C'est un repentir tourné sur lui-même et qui offre une possibilité de survie. Je connais bien cet état d'esprit et de cœur. C'est comme dire : « Bon, je n'ai pas pu m'en sortir tout seul, il faut bien reconnaître que Dieu est mon dernier recours. J'irai vers Dieu et lui demanderai pardon, espérant recevoir une punition minime qui me permettra de demeurer en vie, à condition de travailler dur. » Dieu demeure un juge dur et sévère. C'est l'image de ce Dieu qui me fait sentir coupable et inquiet, et qui provoque en moi toutes ces excuses justificatrices. La soumission à ce Dieu ne crée pas de véritable liberté intérieure, mais suscite plutôt l'amertume et le ressentiment.

Un des plus grands défis de la vie spirituelle est d'accueillir le pardon de Dieu. Il y a quelque chose en nous, les humains, qui nous fait nous accrocher à notre péché et nous empêche de laisser Dieu effacer notre passé et nous offrir la possibilité d'un commencement tout à fait nouveau. Parfois, c'est comme si je voulais prouver à Dieu que ma noirceur est trop grande pour être vaincue. Alors que Dieu veut me réintégrer dans la dignité de ma condition de fils, je continue à insister pour me contenter d'être un journalier. Mais est-ce que je veux vraiment retrouver la pleine responsabilité du fils ? Est-ce que je veux vraiment être si totalement pardonné, qu'une façon nouvelle de vivre devienne possible ? Est-ce que je me fais assez confiance dans cette revendication radicale ? Est-ce que je veux rompre avec ma révolte contre Dieu si profondément enracinée et m'abandonner totalement à son amour, au point qu'une nouvelle personne émerge ? Recevoir le pardon requiert une volonté totale de laisser Dieu être Dieu, et de le laisser opérer toute la guérison, toute la restauration, tout le renouvellement. Tant que je veux faire, ne serait-ce qu'une part infime de tout cela, j'en arrive à des solutions partielles, comme devenir un journalier. Comme tel, je peux encore garder mes distances, me révolter, rejeter, faire la grève, m'enfuir ou me plaindre au sujet du salaire. En tant que fils bien-aimé, j'ai à revendiquer ma dignité totale et à commencer à me préparer en vue de devenir le père.

Il est clair que la distance entre la décision de revenir et l'arrivée à la maison doit être parcourue avec sagesse et discipline. La discipline consiste à devenir un enfant de Dieu. Jésus explique clairement que le chemin vers Dieu est le même que le chemin vers une enfance nouvelle. « À moins que vous ne deveniez comme de petits enfants, vous n'entrerez pas dans le Royaume des cieux. » (*Mt* 18,3) Jésus ne me demande pas de demeurer enfant, mais de le devenir. Devenir enfant, c'est s'acheminer vers une seconde innocence : non pas l'innocence d'un nouveau-né, mais l'innocence qui s'acquiert par des choix conscients.

Comment décrire ceux qui sont parvenus à cette seconde enfance, cette seconde innocence ? Jésus le fait de façon très claire dans les Béatitudes. Peu de temps après avoir entendu la voix qui l'appelle « mon Bien-aimé », et aussitôt après avoir rejeté la voix de Satan l'invitant à prouver au monde qu'il était digne d'être aimé, Jésus commence son ministère public. Un de ses premiers gestes est d'inviter des disciples à le suivre et à partager son ministère. Puis Jésus gravit la montagne, rassemble ses disciples autour de lui et leur dit : « Bienheureux sont les pauvres, les doux, ceux qui pleurent, ceux qui ont faim et soif de justice, les miséricordieux, les purs, les pacifiques et ceux qui sont persécutés à cause de la justice. » (*Mt* 5,1-12)

Ces paroles dressent un portrait de l'enfant de Dieu. C'est un autoportrait de Jésus, le Fils bien-aimé. C'est aussi un portrait de moi, tel que je dois être. Les Béatitudes offrent le chemin le plus simple pour rentrer à la maison, être de retour dans la maison de mon Père. Tout au long de cette route, je vais découvrir les joies de la seconde enfance : le réconfort, la miséricorde et une vision toujours plus claire de Dieu. En arrivant à la maison et en recevant l'étreinte de mon Père, je réalise que non seulement le ciel me sera accordé, mais que la terre également deviendra mon héritage, un lieu où je pourrai vivre en toute liberté, sans obsession ni compulsion.

Devenir un enfant, c'est vivre les Béatitudes et trouver ainsi la porte étroite du Royaume. Est-ce que Rembrandt savait tout cela ? Je ne sais pas si c'est la parabole qui m'amène à voir des aspects nouveaux de son tableau ou si c'est son tableau qui m'amène à découvrir des aspects nouveaux de la parabole. Mais en regardant la tête du garçon-rentré-à-la-maison, je peux y voir la seconde enfance.

Je me souviens nettement d'avoir montré le tableau de Rembrandt à des amis et leur avoir demandé ce qu'ils voyaient. Une jeune femme se leva, marcha vers la reproduction du *Fils prodigue* et mit sa main sur la tête du fils cadet. Elle dit alors : « C'est la tête d'un bébé qui vient tout juste de sortir du sein maternel. Voyez, elle est encore humide et la face est celle d'un fœtus. » Tous ceux qui étaient présents virent alors ce qu'elle voyait. Se peut-il que Rembrandt ait peint non seulement le retour vers le Père, mais aussi le retour dans le sein de Dieu, à la fois Père et Mère ?

Jusque-là, j'avais toujours pensé à la tête rasée du garçon comme à celle d'un prisonnier ou de quelqu'un qui avait vécu dans un camp de concentration. J'avais vu sa figure comme la figure émaciée d'un otage maltraité. Et ce n'est peut-être que cela que Rembrandt voulait montrer. Mais depuis cette rencontre avec mes amis, il ne m'est plus possible de regarder ce tableau sans y voir un petit bébé qui rentre à nouveau dans le sein de sa mère. Cela m'aide à comprendre plus clairement le chemin que j'ai à parcourir pour rentrer à la maison.

Est-ce que le petit enfant n'est pas pauvre, doux et pur de cœur ? Est-ce que le petit enfant ne pleure pas à la moindre petite souffrance ? Le petit enfant n'est-il pas cet instrument de paix qui a faim et soif de justice et qui est la première victime de la persécution ? Et que dire de Jésus lui-même, la Parole de Dieu faite chair, qui a vécu neuf mois dans le sein de Marie et qui est venu dans ce monde sous les traits de ce petit enfant, adoré par des bergers tout proches et par des sages venus de loin ? Le Fils éternel s'est fait enfant pour que je puisse redevenir un enfant et entrer à nouveau avec lui dans le Royaume du Père. « En vérité je te le dis, dit Jésus à Nicodème, à moins de naître d'en haut, nul ne peut voir le Royaume de Dieu. » (*Jn* 3,3)

Le vrai prodigue

J'aborde ici le mystère de Jésus qui s'est fait lui-même le fils prodigue à cause de nous. Il a quitté la maison de son Père céleste, est venu dans une terre étrangère, a sacrifié tout ce qu'il avait et est retourné dans la maison de son Père par sa croix. Tout cela, il l'a accompli non comme un fils révolté, mais comme le fils obéissant qui a été envoyé pour ramener à la maison tous les enfants perdus de Dieu. Jésus, qui a raconté cette histoire à ceux qui l'avaient critiqué parce qu'il fréquentait les pécheurs, a vécu lui-même le long et pénible voyage qu'il décrit.

Quand j'ai commencé à réfléchir à la parabole et au tableau de Rembrandt, je n'ai jamais pensé que le jeune homme épuisé, avec une face de nouveau-né, pouvait être Jésus. Mais maintenant, après plusieurs heures de contemplation, je sens cette vision comme une grâce. Ce jeune homme brisé, agenouillé devant son père, n'est-il pas « l'agneau de Dieu qui prend sur lui les péchés du monde » ? N'est-ce pas lui, l'innocent, qui s'est fait péché pour nous ? N'est-il pas celui qui n'a pas « retenu le rang qui l'égalait à Dieu » mais « est devenu semblable aux hommes » *(Ph* 2,6-7) ? N'est-il pas le Fils de Dieu sans tache qui a crié sur la croix : « Mon Dieu, mon Dieu, pourquoi m'as-tu abandonné ? » *(Mt* 27,46) Jésus est le fils prodigue du Père prodigue, qui a sacrifié tout ce que le Père lui avait confié, pour que je puisse devenir semblable à lui et revenir avec lui dans la maison de son Père.

Voir Jésus lui-même comme le fils prodigue va beaucoup plus loin que l'interprétation traditionnelle de la parabole. Toutefois, cette vision contient un grand secret. Je découvre progressivement ce que cela signifie de dire : ma condition de fils et la condition de fils de Jésus, mon retour et le retour de Jésus, ma maison et la maison de Jésus sont une seule et même chose. Il n'y a pas d'autre chemin vers Dieu que celui parcouru par Jésus. Celui qui a raconté l'histoire du fils prodigue est la Parole de Dieu, « par qui toutes choses sont venues à l'existence ». Il « s'est fait chair, il a vécu parmi nous » (*Jn* 1,1-14) et nous a rendus participants de sa plénitude.

Quand je regarde l'histoire du fils prodigue avec les yeux de la foi, le « retour » du prodigue devient le retour du Fils de Dieu qui a attiré tous les peuples à lui pour les conduire à la maison de son Père céleste. Comme dit saint Paul : « Dieu s'est plu à faire habiter en lui toute la Plénitude et, par lui, à réconcilier tous les êtres pour lui, aussi bien sur la terre que dans les cieux. » *(Col* 1,19-20)

Le frère Pierre Marie, fondateur de la Fraternité de Jérusalem, une communauté de moines vivant dans la ville, parle, d'une façon très poétique et très biblique, de Jésus comme du fils prodigue. Il écrit :

> Lui qui est né, non de la race humaine ou du désir humain ou de la volonté humaine, mais de Dieu lui-même, il prit un jour avec lui tout ce qui était sous son piédestal et il partit avec son héritage, son titre de Fils et toute la rançon exigée. Il quitta pour un pays lointain [...] une terre étrangère [...] où il s'est fait semblable aux humains et s'est vidé de lui-même. Son propre peuple ne l'a pas accepté et son premier lit fut une couchette de paille ! Comme une racine en terre aride, il grandit devant nous, il fut méprisé, le plus humble des hommes, devant qui on se couvre la face. Bientôt, il connut l'exil, l'hostilité, la solitude [...] après avoir tout sacrifié d'une vie d'abondance, sa valeur, sa paix, sa lumière, sa vérité, sa vie [...] tous les

trésors de connaissance et de sagesse, le mystère caché, tenu secret depuis des siècles ; après s'être perdu parmi les enfants perdus de la maison d'Israël, passant tout son temps avec les malades (et non les bien-portants), les pécheurs (et non les justes), et même avec les prostituées à qui il promettait l'entrée dans le Royaume de son Père ; après avoir été traité de glouton et d'ivrogne, d'ami des collecteurs d'impôts et des pécheurs, traité de Samaritain, de possédé, de blasphémateur ; après avoir tout donné, même son corps et son sang ; après avoir éprouvé lui-même la tristesse, l'angoisse et l'inquiétude de l'âme ; après avoir touché le fond du désespoir en se présentant comme celui qui est abandonné par son Père, loin de la source d'eau vive, il a crié du haut de la croix sur laquelle on l'avait cloué : « J'ai soif. » On l'a déposé dans la poussière et l'ombre de la mort. Et là, le troisième jour, il est monté des profondeurs de l'enfer où il était descendu, écrasé sous le poids de nos crimes, il a porté nos péchés, ce sont nos souffrances qu'il a portées. Debout, il a crié : « Oui, je monte vers mon Père et votre Père, vers mon Dieu et votre Dieu. » Et il est remonté aux cieux. Alors, dans le silence, regardant son Fils et tous ses enfants, puisque son Fils était devenu tout en tous, le Père dit aux serviteurs : « Vite, apportez la plus belle robe et l'en revêtez, mettez-lui un anneau au doigt et des chaussures aux pieds ; mangeons et festoyons ! Car mes enfants, comme vous le savez, étaient morts et ils sont revenus à la vie ; ils étaient perdus et ils ont été retrouvés. Mon Fils prodigue les a tous ramenés. » Et ils se mirent tous à festoyer, vêtus des longues robes purifiées dans le sang de l'Agneau[1].

Quand je regarde à nouveau le *Fils prodigue* de Rembrandt, je le vois maintenant d'une façon nouvelle. Je le vois comme Jésus retournant vers son Père et mon Père, vers son Dieu et mon Dieu.

Il est peu probable que Rembrandt ait jamais pensé au fils prodigue de cette façon-là. Cette compréhension ne faisait pas partie de la prédication courante du temps, ni de la façon d'écrire. Néanmoins, voir dans ce jeune homme fatigué et brisé la personne de Jésus lui-même a quelque chose de très réconfortant et de très consolant. Le jeune homme embrassé par le Père n'est plus seulement un pécheur repentant, mais l'humanité entière qui revient vers Dieu. Le corps brisé du prodigue devient le corps brisé de l'humanité, et la face de nouveau-né du fils revenu devient la face de tous ceux qui souffrent et qui aspirent à entrer de nouveau dans le paradis perdu. Le tableau de

1. Frère Pierre Marie, « Les fils prodigues et le fils prodigue », *Sources vives* 13, Paris, mars 1987, p. 87-93.

Rembrandt devient ainsi plus que la simple représentation d'une parabole émouvante. Il devient la synthèse de l'histoire du salut. La lumière qui entoure le Père et le Fils parle maintenant de la gloire qui attend les enfants de Dieu. Cela rappelle les paroles de Jean : « Dès maintenant, nous sommes enfants de Dieu, et ce que nous serons n'a pas encore été manifesté. Nous savons que lors de cette manifestation, nous lui serons semblables, parce que nous le verrons tel qu'il est. » (1 *Jn* 3,2)

Mais ni le tableau de Rembrandt, ni la parabole qu'il représente ne nous laissent en état d'extase. Quand j'ai vu, dans le bureau de Simone, la scène centrale où le père embrasse son fils revenu, je n'étais pas conscient des quatre spectateurs qui regardaient ce qui se passait. Maintenant, je connais les visages de ceux qui entourent le « revenant ». Le moins qu'on puisse dire, c'est qu'ils sont énigmatiques, surtout celui de l'homme de haute taille, debout du côté droit du tableau. Oui, il y a de la beauté, de la gloire, du salut… mais il y a aussi le regard critique d'observateurs qui ne se compromettent pas. Ils ajoutent une certaine réticence au tableau et empêchent toute possibilité de solution rapide et romanesque à la question de la réconciliation spirituelle. Le cheminement du fils cadet ne peut être séparé de celui de son frère aîné. Aussi, est-ce vers ce dernier qu'avec quelque témérité je tourne maintenant mon attention.

DEUXIÈME PARTIE

Le fils aîné

Son fils aîné était aux champs. Quand, à son retour, il fut près de la maison, il entendit de la musique et des danses. Appelant un des serviteurs, il s'enquérait de ce que cela pouvait bien être. Celui-ci lui dit : « C'est ton frère qui est arrivé, et ton père a tué le veau gras, parce qu'il l'a recouvré en bonne santé. » Il se mit alors en colère, et il refusait d'entrer. Son père sortit l'en prier. Mais il répondit à son père : « Voilà tant d'années que je te sers, sans avoir jamais transgressé un seul de tes ordres, et jamais tu ne m'as donné un chevreau, à moi, pour festoyer avec mes amis ; et puis ton fils que voici revient-il, après avoir dévoré ton bien avec des prostituées, tu fais tuer pour lui le veau gras ! » Mais le père lui dit : « Toi, mon enfant, tu es toujours avec moi, et tout ce qui est à moi est à toi. Mais il fallait bien festoyer et se réjouir, puisque ton frère que voilà était mort et il est revenu à la vie ; il était perdu et il est retrouvé ! »

Lc 15, 25-32

4

Rembrandt et le fils aîné

Pendant mes heures à l'Ermitage, contemplant paisiblement le *Fils prodigue*, je n'ai jamais douté un seul instant que l'homme qui se tient debout à la droite de la plate-forme où le père embrassait le fils revenu était le fils aîné. La façon dont il se tient tout en regardant le grand geste d'accueil ne laisse aucun doute sur l'identité de celui que Rembrandt voulait peindre ainsi. J'ai pris beaucoup de notes décrivant cet observateur distant, au regard sévère, et j'y ai vu tout ce que Jésus nous dit du fils aîné.

Et pourtant, la parabole dit clairement que le fils aîné n'est pas encore à la maison, quand le père accueille son fils perdu et lui montre sa miséricorde. Au contraire, l'histoire montre que lorsque le fils aîné revient des champs, la fête en l'honneur de son frère bat déjà son plein.

Je suis surpris de voir que le décalage entre le tableau de Rembrandt et la parabole m'a facilement échappé, et que j'ai simplement tenu pour acquis que Rembrandt voulait peindre les deux frères dans son interprétation du fils prodigue.

Quand je suis retourné chez moi et que j'ai commencé à lire toutes les études historiques relatives au tableau, j'ai vite réalisé que plusieurs critiques étaient beaucoup moins sûrs que moi de l'identité de l'homme debout à droite. Certains le voyaient comme un vieillard, et d'autres ont même mis en doute qu'il ait été peint par Rembrandt lui-même.

Puis un jour, plus d'une année après ma visite à l'Ermitage, un de mes amis, Yvan Dyer, avec qui j'avais souvent discuté de mon intérêt pour le *Fils prodigue*, me fit parvenir une copie de *La Signification religieuse du « Retour du fils prodigue » de Rembrandt*, de Barbara Haeger. Cette étude brillante, qui situe le tableau dans le contexte de la tradition iconographique et visuelle du temps de Rembrandt, ramena le fils aîné dans le paysage.

Haeger nous fait voir que, dans les commentaires bibliques et les peintures du XVIIe siècle, la parabole du pharisien et du publicain et la parabole du Fils prodigue étaient étroitement liées. Rembrandt est fidèle à cette tradition. L'homme assis qui se frappe la poitrine tout en regardant le fils revenu est un intendant qui représente les pécheurs et les publicains, tandis que l'homme debout qui regarde le père d'une façon énigmatique est le fils aîné, représentant les pharisiens et les scribes. Mais en plaçant le fils aîné dans le tableau comme le témoin le plus important, Rembrandt va non seulement plus loin que le texte de la parabole, mais aussi bien au-delà de la tradition des peintres de son temps. Ainsi Rembrandt, comme le dit Haeger, « ne s'en tient pas à la lettre mais à l'esprit du texte biblique ».

Les trouvailles de Barbara Haeger dépassent la simple confirmation de mon intuition première. Elles m'aident à voir *Le Retour du fils prodigue* comme une œuvre qui synthétise la grande bataille spirituelle et les choix importants qu'elle exige. En peignant non seulement le fils cadet dans les bras de son père, mais aussi le fils aîné qui peut encore choisir ou refuser l'amour qui lui est offert, Rembrandt me présente « le drame intime de l'âme » – le sien aussi bien que le mien. Tout comme la parabole du fils prodigue synthétise le cœur du message évangélique et invite les lecteurs à faire leur propre choix, de même le tableau de Rembrandt résume sa propre lutte spirituelle et invite les spectateurs à prendre une décision personnelle au sujet de leur vie.

Ainsi, les spectateurs dans le tableau de Rembrandt en font une œuvre qui engage le spectateur d'une façon très personnelle. À l'automne de 1983, quand j'ai vu la reproduction de la partie centrale du tableau, j'ai tout de suite senti que j'étais personnellement invité à faire quelque chose. Maintenant que je connais mieux l'ensemble du tableau et surtout la signification du personnage sur la droite, je suis plus que jamais convaincu de l'énormité du défi spirituel que ce tableau représente.

En regardant le fils cadet et en réfléchissant sur la vie de Rembrandt, il est devenu assez évident pour moi que Rembrandt a dû le comprendre d'une façon très personnelle. Lorsqu'il a peint *Le Retour du fils prodigue*, il avait connu une vie marquée par une grande confiance en lui-même, le succès et la gloire, mais aussi une vie remplie de pertes douloureuses, de déceptions et d'échecs. À travers tout cela, il était passé de la lumière extérieure à la lumière intérieure, de la représentation d'événements extérieurs à la représentation de significations intérieures, d'une vie remplie de choses et de gens à une vie davantage marquée par la solitude et le silence. Avec l'âge, il est devenu plus calme et plus intériorisé. Une sorte de retour spirituel à la maison.

Mais le fils aîné fait aussi partie de l'expérience de vie de Rembrandt et beaucoup de ses biographes modernes sont plutôt sceptiques quant à la vision romantique de sa vie. Ils soulignent que Rembrandt était beaucoup plus dépendant de ses besoins financiers et des exigences de ses mécènes qu'on ne le croit généralement, que ses sujets reflètent plus souvent les modes du temps que sa vision spirituelle, et que ses échecs sont plus souvent le résultat de son caractère arrogant et détestable que du manque d'appréciation de son entourage.

Des biographes récents le montrent davantage comme un manipulateur retors et égoïste, que comme un chercheur de vérité spirituelle. Ils soutiennent que plusieurs de ses tableaux, même les plus célèbres, sont beaucoup moins spirituels qu'ils ne le paraissent. Ma première réaction à ces études qui visent à démythifier Rembrandt fut la stupéfaction. La biographie de Gary Schwartz, entre autres, m'a fait douter de la possibilité qu'il y ait jamais eu « une conversion ». De nombreuses études récentes sur les relations de Rembrandt avec ses mécènes, ceux qui commandaient et achetaient ses œuvres, de même qu'avec sa famille et ses amis, montrent un homme avec qui il était difficile de s'entendre. Schwartz le décrit comme « une personne aigrie et vindicative qui utilisait toutes les armes permises et non permises pour attaquer ceux qui contrecarraient ses plans[1] ».

Ces traits de caractère et ces attitudes sont très visibles dans la façon dont il a traité Geertje Dircx, avec qui il avait vécu pendant six ans. Il utilisa le frère de Geertje, que celle-ci avait elle-même choisi comme son procureur légal, pour « recueillir contre elle des témoignages des voisins, afin qu'elle soit envoyée dans un asile d'aliénés ». De fait, Geertje fut internée dans une institution pour

---

1. Gary Schwartz, *Rembrant : zign Leven, zign Schilderijen Maarsen*, Gary Schwartz, 1984, p. 362.

malades mentaux. Quand plus tard elle aurait pu être relâchée, « Rembrandt engagea les services d'un agent chargé de recueillir des preuves contre elle pour s'assurer qu'elle resterait internée[1] ».

Pendant l'année 1649, au début de ces événements tragiques, Rembrandt était tellement accaparé par tout cela qu'il ne produisit aucune œuvre. À ce moment-là, c'est un autre Rembrandt qui émerge, un homme perdu dans son amertume, son désir de se venger, et qui devient capable de trahison.

Il est difficile d'accepter ce Rembrandt-là. Il est plus facile d'éprouver de la sympathie pour un personnage jouisseur et hédoniste qui se plonge dans les plaisirs de ce monde, puis se repent, revient chez lui et devient une personne très spirituelle. Mais apprécier un homme qui nourrit de profonds ressentiments, qui perd beaucoup de son temps précieux en des procès plutôt mesquins, et qui éloigne constamment de lui les autres par son comportement arrogant, voilà qui est beaucoup plus difficile. Et pourtant, cela aussi fait partie de sa vie, une partie que je ne peux pas ignorer.

Rembrandt est tout autant le fils aîné de la parabole que le fils cadet. Lorsque, dans les dernières années de sa vie, il peignit les deux fils dans *Le*

---

1. Charles L. Mee, *Rembrandt's Portrait : A Biography*, New York, Simon & Schuster, 1988, p. 229.

Retour du fils prodigue, il avait vécu une vie où ni l'égarement du fils cadet ni celui du fils aîné ne lui étaient étrangers. Les deux avaient besoin de guérison et de pardon. Les deux avaient besoin de rentrer à la maison. Les deux avaient besoin de l'étreinte d'un père miséricordieux. Mais d'après l'histoire elle-même, tout comme dans le tableau de Rembrandt, il est sûr que la conversion la plus difficile à effectuer est la conversion de celui qui est demeuré à la maison.

5

Le départ du fils aîné

> Son fils aîné était aux champs. Quand, à son retour, il fut près de la maison, il entendit de la musique et des danses. Appelant un des serviteurs, il s'enquérait de ce que cela pouvait bien être. Celui-ci lui dit : « C'est ton frère qui est arrivé, et ton père a tué le veau gras, parce qu'il l'a recouvré en bonne santé. » Il se mit alors en colère, et il refusait d'entrer. Son père sortit l'en prier. Mais il répondit à son père : « Voilà tant d'années que je te sers, sans avoir jamais transgressé un seul de tes ordres, et jamais tu ne m'as donné un chevreau, à moi, pour festoyer avec mes amis ; et puis ton fils que voilà revient-il, après avoir dévoré ton bien avec des prostituées, tu fais tuer pour lui le veau gras ! »

Pendant les heures passées à l'Ermitage à regarder le tableau de Rembrandt, j'étais de plus en plus fasciné par le visage du fils aîné. Je me souviens de l'avoir longtemps contemplé, me demandant ce qui pouvait bien se passer dans la tête et le cœur de cet homme. Sans aucun doute, il est le principal observateur du retour du fils cadet. Au moment où je n'étais familier qu'avec la partie du tableau qui montre le père embrassant son fils prodigue, c'était facile de voir ce tableau comme invitant, touchant et même rassurant. Mais quand je l'ai vu dans son ensemble, j'ai vite compris la complexité de la réunion. L'observateur principal, qui regarde le père embrassant son fils, nous semble très réservé. Il regarde le père, mais sans joie. Il ne s'avance ni ne sourit, et n'exprime aucun accueil. Il se contente d'être debout, sur le côté de la plateforme, apparemment peu désireux de bouger.

C'est vrai que le retour est l'événement central du tableau ; toutefois, il n'est pas situé au centre même de la toile. Il est représenté sur la côté gauche du tableau, alors que le fils aîné, grand et sévère, domine tout le côté droit. Il y a un large espace ouvert séparant le père de son fils aîné, un espace qui crée une tension qui demande à être résolue.

Avec la présence du fils aîné dans le tableau, il ne m'est plus possible de donner à ce « retour » une interprétation sentimentale. L'observateur principal garde ses distances, et semble peu empressé de partager l'accueil du père. Que se passe-t-il à l'intérieur de cet homme ? Que va-t-il faire ? S'avancer et embrasser son frère comme son père l'a fait ? ou s'éloigner, dégoûté et en colère ?

Depuis que mon ami Bart m'a fait remarquer que je ressemblais peut-être davantage au fils aîné qu'au fils prodigue, j'ai observé « cet homme à droite » avec beaucoup d'attention et j'ai vu beaucoup de choses nouvelles et dures. La façon dont Rembrandt a peint le fils aîné montre qu'il ressemble beaucoup à son père. Les deux sont barbus et portent une grande cape rouge sur les épaules. Ces détails extérieurs suggèrent que lui et son père ont beaucoup en commun, et ce caractère commun est souligné par la lumière sur le visage du fils aîné, ce qui l'unit d'une façon directe au visage lumineux de son père. Mais quelle différence pénible entre les deux ! Le père est penché sur son fils prodigue. Le fils aîné est debout, figé dans sa posture accentuée par le long bâton qu'il tient à la main. La cape du père est large ouverte, accueillante ; celle du fils pend le long de son corps. Les mains du père sont étendues et touchent le prodigue dans un geste de bénédiction ; les mains du fils aîné sont serrées l'une sur l'autre, tout contre sa poitrine. Les deux visages sont éclairés, mais la lumière sur le visage du père se répand sur son corps – surtout sur ses mains – et enveloppe son plus jeune fils dans un grand halo de chaleur lumineuse tandis que la lumière sur le visage du fils aîné est froide et ne rayonne pas. Son corps demeure dans la noirceur et ses mains fermées restent dans l'ombre.

La parabole représentée par Rembrandt aurait bien pu s'appeler « la Parabole des fils perdus ». Non seulement le fils cadet, qui a quitté sa maison à la recherche de la liberté et du bonheur dans une terre étrangère, s'est-il perdu, mais celui qui est resté à la maison est aussi devenu un homme perdu. Extérieurement, il a fait toutes les choses qu'un bon fils est censé faire, mais intérieurement, il s'est éloigné de son père. Il a fait son devoir, il a travaillé fort chaque jour et il a rempli toutes ses obligations, mais il est devenu de plus en plus esclave et malheureux.

Perdu dans sa rancune

Il est difficile pour moi d'admettre que cet homme en colère, rancunier et amer, puisse me ressembler davantage, au plan spirituel, que le frère débauché. Et pourtant, plus je réfléchis au fils aîné, plus je me reconnais en lui. En tant que fils aîné dans ma propre famille, je sais très bien ce qu'il en coûte de devoir être le fils modèle.

Je me demande souvent si ce n'est pas le propre des fils aînés de vouloir répondre aux attentes de leurs parents et, ainsi, d'être considérés comme respectueux et obéissants. Souvent ils veulent plaire et craignent de décevoir leurs parents. Mais très souvent aussi, ils éprouvent, tôt dans la vie, une certaine envie envers leurs plus jeunes frères et sœurs qui semblent moins préoccupés de plaire et plus libres de mener leur propre vie. Ce fut certainement mon cas. Et toute ma vie, j'ai éprouvé une étrange curiosité face à une vie de désobéissance que je n'avais pas l'audace de vivre, mais dont j'étais témoin chez plusieurs autour de moi. J'ai tout fait correctement, me pliant ainsi aux exigences de plusieurs images parentales dans ma vie – les professeurs, les directeurs spirituels, les évêques et les papes – mais en même temps, je me suis souvent demandé pourquoi je n'ai jamais eu le courage de m'enfuir, comme l'a fait le fils cadet.

Cela peut paraître étrange mais, au fond de mon cœur, j'ai éprouvé un sentiment d'envie envers le fils égaré. C'est le sentiment qui monte en moi, quand je vois mes amis qui s'amusent à faire toute sorte de choses que je condamne. Je qualifie leur conduite de répréhensible et même d'immorale mais en même temps, je me demande souvent pourquoi je n'ai jamais eu le culot de faire comme eux, en tout ou en partie.

La vie obéissante et ordonnée, dont je suis si fier ou pour laquelle on me loue, ressemble parfois à un fardeau placé sur mes épaules et qui continue à m'accabler, même si je l'ai accepté à un degré tel que je ne peux m'en défaire. Je n'ai aucune peine à m'identifier au fils aîné de la parabole, qui se plaignait : « Voici tant d'années que je te sers, sans jamais avoir transgressé un seul de tes ordres, et jamais tu ne m'as donné un chevreau, à moi, pour festoyer avec mes amis. » Dans cette plainte, l'obéissance et le devoir sont un fardeau, et le service un esclavage.

Tout cela est devenu très réel pour moi quand un de mes amis, qui s'était converti au christianisme depuis peu, m'a reproché de n'être pas très priant. Sa critique m'a mis en colère. Je me suis dit : « Comment ose-t-il me faire la leçon au sujet de la prière ! Pendant des années, il a vécu une vie insouciante et indisciplinée pendant que moi, depuis mon enfance, j'ai vécu scrupuleusement une vie de foi. Maintenant qu'il est converti, il ose me dire comment je devrais me comporter ! » Ce ressentiment intérieur me révèle mon propre égarement. J'étais resté à la maison sans vagabonder, mais je n'avais pas vécu une vie libre dans la maison de mon père. Ma colère et mon envie m'ont révélé mon propre esclavage.

Je ne suis pas le seul à vivre cette situation. Plusieurs fils et filles aînés se sont perdus, tout en demeurant à la maison. Et c'est cet égarement – caractérisé par le jugement et la condamnation, la colère et la rancune, l'amertume et la jalousie – qui est tellement pernicieux et dommageable au cœur humain. Parfois, on pense à la perdition en termes d'actions très visibles, même spectaculaires. Le fils cadet a péché d'une façon qu'on peut facilement identifier. Son égarement est assez évident. Il a gaspillé son argent, son temps, ses amis, et même son propre corps. Ce qu'il a fait était mal ; non seulement sa famille et ses amis le savaient, mais lui également. Il s'est révolté contre la morale et s'est laissé entraîner par la luxure et la cupidité. Il y a quelque chose de clair et net dans sa mauvaise conduite. Puis, constatant que son comportement capricieux l'avait conduit à rien d'autre qu'à la misère, le fils cadet rentra en lui-même, fit demi-tour et demanda pardon. Nous avons ici un échec humain classique, avec une solution directe. Il est très facile de comprendre et de sympathiser.

L'égarement du fils aîné est toutefois beaucoup plus difficile à cerner. Après tout, il a bien agi en tout. Il était obéissant, respectueux, fidèle à la loi et dur au travail. Les gens le respectaient, l'admiraient, le louangeaient, et sans doute le considéraient-ils comme un fils modèle. Extérieurement, le fils aîné était sans faute. Mais, lorsqu'il est confronté à la joie de son père au retour de son jeune frère, une puissance maléfique fait irruption en lui. Soudain est dévoilée au grand jour une personne rancunière, orgueilleuse, méchante, égoïste, qui était restée profondément cachée, même si ces aspects de sa personnalité s'étaient développés au fil des années.

Quand je regarde ma propre vie et celle de personnes autour de moi, je me demande ce qui fait le plus de tort, la débauche ou le ressentiment ? Il y a tellement de ressentiment parmi « les justes » et « les vertueux ». Il y a tellement de jugements, de condamnations et de préjugés parmi « les saints ». Il y a tellement de colère froide parmi les gens qui s'efforcent d'éviter « le péché » à tout prix.

Il est extrêmement difficile de cerner cet état de perdition chez le saint rancunier, précisément parce qu'il est intimement lié au désir d'être bon et vertueux. Je sais d'après ma propre expérience avec quelle ardeur j'ai essayé d'être bon, acceptable, aimable, et de donner le bon exemple. Il y avait toujours un effort conscient pour éviter les pièges du péché, en même temps que la crainte constante de succomber à la tentation. Mais avec tout cela, je me prenais au sérieux, devenant extrêmement moralisateur, quelque peu fanatique, si bien qu'il m'était de plus en plus difficile de me sentir chez moi dans la maison de mon Père. Je devenais moins libre, moins spontané, moins jovial et les autres commençaient à me trouver de plus en plus pénible à supporter.

Sans joie

Quand j'écoute attentivement les paroles que le fils aîné utilise pour attaquer son père – des paroles jalouses pour se justifier et attirer sur lui la pitié –, j'entends une plainte plus profonde qui vient du cœur. Il sent qu'il n'a pas reçu ce qui lui était dû. Cette plainte s'exprime de mille et une façons, avec plus ou moins de subtilité, et se retrouve à la base de la rancune humaine. « J'ai essayé de toutes mes forces, j'ai travaillé pendant si longtemps, j'ai fait tout ce que j'ai pu et pourtant, je n'ai pas reçu ce que d'autres obtiennent si facilement. Pourquoi est-ce que les gens ne me remercient pas, ne m'invitent pas, ne jouent pas avec moi, ne m'honorent pas, alors qu'ils accordent tellement d'attention à ceux qui prennent la vie à la légère et de façon irréfléchie ? »

C'est à cette plainte, verbalisée et silencieuse, que je reconnais le fils aîné en moi. Souvent je me surprends en train de me lamenter sur de petits rejets, de petites impolitesses, de petites négligences. Que de fois j'entends en moi ces murmures, gémissements, ronchonnements et jérémiades involontaires. Plus je m'attarde à ce qui cause cet état, plus la situation s'aggrave. Plus je l'analyse, plus je trouve des motifs de me plaindre. Et plus je m'y enfonce, plus ça devient compliqué. Il y a une puissance maléfique énorme dans cet apitoiement sur soi-même. La condamnation des autres et ma propre condamnation, l'autojustification et le rejet de soi se renforcent l'un l'autre en un cercle vicieux, sans cesse croissant. Chaque fois que je me laisse séduire par cette force maléfique, elle m'aspire dans une spirale sans fond de rejet. En me laissant entraîner dans le vaste labyrinthe intérieur de mes apitoiements, je deviens de plus en plus perdu jusqu'à ce que, à la fin, je me sente l'être le plus incompris, le plus rejeté, le plus négligé et le plus méprisé du monde entier.

Je suis certain d'une chose. Se plaindre ne sert à rien d'autre qu'à nous faire tourner en rond. Quand je me lamente avec l'espoir d'attirer la pitié et de recevoir les consolations que je désire tant, c'est toujours le contraire qui se produit. C'est difficile de vivre avec une personne qui se lamente sans cesse, et très peu de gens savent comment répondre aux plaintes d'une personne qui ne s'accepte pas elle-même. Le tragique, c'est que bien souvent la plainte, une fois exprimée, conduit à ce qu'on redoute le plus : être rejeté davantage.

Vue dans cette perspective, l'incapacité du fils aîné à partager la joie de son père se comprend facilement. En rentrant des champs, il entendit de la musique et de la danse. Il savait qu'il y avait de la joie dans la maison. Aussitôt il devint soupçonneux. Une fois que l'attitude d'autorejet s'est installée en nous, nous perdons toute spontanéité, au point que même la joie ne peut plus susciter la joie en nous.

La parabole dit : « Appelant l'un des serviteurs, il s'enquit de ce qui se passait. » Il éprouve la peur d'être exclu à nouveau, la peur de n'avoir pas été averti de ce qui se passait, la peur d'être écarté de ce qui se passe. La critique refait surface : « Pourquoi ne me l'a-t-on pas dit ? Qu'est-ce qui se passe ? » Sans se méfier, le serviteur, tout excité et heureux de partager la bonne nouvelle, explique : « Ton frère est revenu et ton père a tué le veau gras, parce qu'il est revenu sain et sauf. » Mais ce cri de joie ne peut être reçu. Au lieu de susciter le soulagement et la reconnaissance, la joie du serviteur provoque tout le contraire. « Il se mit en colère et refusa d'entrer. » La joie et la rancune ne peuvent coexister. Au lieu d'inviter à la joie, la musique et la danse deviennent cause d'un plus grand retrait.

J'ai des souvenirs très précis d'une situation semblable. Un jour, me sentant très seul, je demandai à un ami de sortir avec moi. Il me répondit qu'il n'en avait pas le temps mais, quelques minutes plus tard, je le retrouvai chez un ami commun qui avait organisé une fête. En m'apercevant, il me dit : « Sois le bienvenu, joins-toi à nous, ça fait du bien de te voir. » Mais j'étais tellement en colère de n'avoir pas été invité à la fête, que je ne pus y rester. Tous mes griefs intérieurs de n'être pas accepté ni aimé remontèrent en moi et je quittai la salle en claquant la porte. J'étais comme paralysé, tout à fait incapable de recevoir la joie qui était là, présente, et d'y participer. En une seconde, cette joie était devenue une source de ressentiment.

Cette expérience d'être incapable d'entrer dans la joie est le propre d'un cœur rancunier. Le fils aîné ne pouvait pas entrer dans la maison et partager la joie de son père. Sa frustration intérieure l'a paralysé et il s'est laissé submerger par les ténèbres.

Rembrandt a perçu cette signification profonde en peignant le fils aîné sur le côté de la plate-forme où le fils cadet est accueilli dans la joie du père. Il n'a pas représenté la fête, avec ses musiciens et ses danseurs ; ceux-ci n'étaient que les signes extérieurs de la joie du père. Le seul signe de la fête est un bas-relief montrant un joueur de flûte, sculpté dans le mur sur lequel s'appuie l'une des femmes (la mère du fils prodigue ?). Pour illustrer la fête, Rembrandt a peint la lumière, une lumière radieuse qui enveloppe le père aussi bien que le fils. La joie que Rembrandt représente est une joie paisible, celle qui appartient à la maison de Dieu.

Dans la parabole, on peut s'imaginer le fils aîné debout dans le noir, refusant d'entrer dans la maison remplie de lumière et de sons joyeux. Mais Rembrandt n'a peint ni la maison ni les champs. Il a exprimé tout cela par la lumière et l'ombre. L'étreinte du père, pleine de lumière, est la maison de Dieu. C'est là qu'on trouve toute la musique et la danse. Le fils aîné se tient hors du cercle de cet amour, refusant d'y entrer. La lumière sur son visage témoigne qu'il est appelé, lui aussi, à la lumière, mais personne ne peut l'y forcer.

Parfois, les gens se demandent : Qu'est-ce qui a bien pu se passer pour le fils aîné ? S'est-il laissé persuader par son père ? Est-ce qu'il est finalement entré dans la maison pour prendre part à la fête ?

Est-ce qu'il a embrassé son frère et est-ce qu'il l'a accueilli comme son père l'avait fait ? S'est-il assis à la même table que son père et son frère pour partager avec eux le repas de fête ?

Ni le tableau de Rembrandt ni la parabole ne nous renseignent sur le désir final du fils aîné de se laisser trouver. Est-il prêt à confesser qu'il est, lui aussi, un pécheur qui a besoin d'être pardonné ? Est-il prêt à reconnaître qu'il n'est pas meilleur que son frère ?

Je me retrouve seul avec ces questions. Tout comme je ne sais pas comment le fils prodigue a accepté la fête, ni comment il a vécu avec son père après son retour, de même j'ignore si le fils aîné s'est jamais réconcilié avec son frère, avec son père et avec lui-même. Ce dont je suis certain, sans aucune hésitation, c'est que je connais le cœur du père. C'est un cœur rempli d'une miséricorde absolue.

Une question ouverte

Contrairement à un conte de fées, la parabole ne finit pas bien. Au contraire, elle nous laisse aux prises avec un des choix spirituels les plus difficiles : faire ou ne pas faire confiance à l'amour miséricordieux de Dieu. Personne ne peut faire ce choix à ma place. En réponse à la critique des pharisiens et des scribes : « Cet homme accueille les pécheurs et il mange avec eux », Jésus les confronte non seulement avec le retour du fils prodigue, mais aussi avec la rancune du fils aîné ! Cela a dû causer tout un choc à ces personnages religieux, axés sur la loi. Ils ont été obligés de faire face à leur propre grief et de choisir comment ils allaient répondre à l'amour de Dieu pour les pécheurs. Est-ce qu'ils seraient prêts à s'asseoir à la même table qu'eux, comme Jésus l'a fait ? C'était et c'est encore un défi réel : pour eux, pour moi, et pour tout être humain aux prises avec la rancune, et qui est tenté de s'enfoncer dans l'apitoiement comme style de vie.

Plus je réfléchis au fils aîné en moi, plus je réalise à quelle profondeur cette forme d'égarement est enracinée en moi, et combien il m'est difficile de rentrer à la maison. Rentrer à la maison après une fugue dans la débauche semble tellement plus facile que de rentrer à la maison après une colère froide, qui s'est incrustée dans les recoins les plus sombres de mon être. Mon ressentiment n'est pas le genre de chose qu'on peut reconnaître et traiter facilement, de façon rationnelle.

C'est quelque chose de beaucoup plus pernicieux qui s'attache au revers de ma vertu. N'est-il pas bon d'être obéissant, respectueux, soumis, travailleur et discipliné ? Et pourtant, il semble que mon ressentiment et mes plaintes sont rattachés, de façon mystérieuse, à de telles attitudes qui sont louables. Je me désespère souvent en constatant cela. Au moment même où je veux parler ou agir à partir de ce qu'il y a de plus généreux en moi, je me sens étouffé par ma colère ou mon ressentiment. Et même si je veux être très désintéressé, je suis toujours obsédé par mon désir d'être aimé. Même quand je fais de mon mieux pour accomplir une tâche, je me demande pourquoi les autres n'en font pas autant. Au moment où je pense être capable de surmonter mes tentations, j'envie ceux qui y succombent. Il semble que là où se trouve mon être vertueux, là aussi se trouve le rancunier qui se plaint toujours.

C'est là surtout que je fais face à ma vraie pauvreté. Je suis tout à fait incapable de déraciner mon ressentiment. Il est ancré si profondément dans mon être, que l'arracher semble être de l'autodestruction. Comment arracher l'ivraie de mon ressentiment sans arracher aussi le bon grain de mes vertus ?

Le fils aîné en moi peut-il rentrer à la maison ? Est-ce que je peux me laisser trouver, comme le fils prodigue a été trouvé ? Comment revenir quand je suis perdu dans le ressentiment, quand je suis pris par la jalousie, quand je suis emprisonné dans l'obéissance et la soumission vécues comme un esclavage ? Il est clair que tout seul, par moi-même, je ne peux pas me trouver. Plus décourageant encore que de me guérir comme fils prodigue est d'essayer de me guérir comme fils aîné. Confronté à l'impossibilité de me sauver moi-même, je comprends maintenant les paroles de Jésus à Nicodème : « Ne t'étonne pas si je t'ai dit : il vous faut naître d'en haut. » (*Jn* 3,7) En effet, il faut qu'il arrive quelque chose que moi je ne peux provoquer. Je ne peux pas renaître d'en bas, c'est-à-dire par ma propre force, par mon propre esprit, par mes propres intuitions psychologiques. Il n'y a aucun doute à ce sujet dans mon esprit, parce que, dans le passé, j'ai essayé très fort de me guérir de mon ressentiment, et j'ai échoué maintes fois lamentablement, au point d'en être au bord de la dépression nerveuse, et même de l'épuisement total. Je peux seulement être guéri d'en haut, là où Dieu se penche sur nous. Ce qui m'est impossible à moi, Dieu peut le faire. « Avec Dieu, tout est possible. »

6

Le retour du fils aîné

> Le fils aîné [...] se mit en colère et il refusait d'entrer. Son père sortit l'en prier [...] Le père lui dit : Toi, mon enfant, tu es toujours avec moi et tout ce qui est à moi est à toi. Mais il fallait bien festoyer et se réjouir, puisque ton frère que voilà était mort et il est revenu à la vie ; il était perdu et il est retrouvé !

Le père veut le retour du fils cadet, mais également celui de son fils aîné. Le fils aîné a aussi besoin d'être trouvé et ramené dans la maison de la joie. Va-t-il répondre à l'invitation de son père ou s'enfoncer dans son amertume ? Rembrandt laisse également la décision finale du fils aîné ouverte à notre questionnement. Barbara Joan Haeger a écrit : « Rembrandt ne révèle pas s'il voit la lumière. Comme il ne condamne pas ouvertement le fils aîné, Rembrandt garde l'espérance que lui aussi va se reconnaître comme pécheur… l'interprétation de la réaction du fils aîné appartient au spectateur. »

La question ouverte, posée dans la parabole et reprise dans le tableau de Rembrandt, m'invite à une longue quête spirituelle. Quand je regarde la figure éclairée du fils aîné, et quand je vois ses mains dans l'ombre, je sens non seulement sa captivité, mais aussi la possibilité de libération. Cette parabole ne sépare pas les deux frères comme le bon et le mauvais. Seul le père est bon. Il aime ses deux fils. Il court à la rencontre des deux. Il veut que les deux s'assoient à sa table et participent à sa joie. Le plus jeune se laisse embrasser dans une étreinte miséricordieuse. Le fils aîné se tient à distance, regarde le geste de miséricorde de son père, mais ne peut pas encore surmonter sa colère et laisser son père le guérir, lui aussi.

Le père n'impose pas son amour à la personne aimée. Même s'il veut nous guérir de nos ténèbres intérieures, nous sommes encore libres de faire notre propre choix de demeurer dans les ténèbres, ou d'avancer dans la lumière de l'amour de Dieu. Dieu est là. Sa lumière est là. Son pardon est là. Son amour infini est là. Ce qui est très clair, c'est que Dieu est toujours là, toujours prêt à donner et à pardonner, indépendamment de notre réponse. L'amour de Dieu ne dépend pas de notre repentir ou de nos changements, intérieurs ou extérieurs.

Que je sois le fils prodigue ou le fils aîné, le seul désir de Dieu est de me ramener à la maison. Arthur Freeman écrit :

> Le père aime chacun de ses fils et leur donne la liberté d'être ce qu'ils peuvent être, mais il ne peut pas leur donner une liberté dont ils ne veulent pas, ou qu'ils ne comprennent pas de façon appropriée. Le père semble comprendre, au-delà des normes sociales de son temps, le besoin de ses fils d'être eux-mêmes. Mais il sait aussi qu'ils ont besoin de son amour et d'une « maison ». Comment leur histoire se terminera-t-elle : c'est là leur problème. Le fait que la parabole ne soit pas terminée nous assure que l'amour du père ne dépend pas d'une fin heureuse de l'histoire. L'amour du père ne dépend que de lui, et c'est là une composante essentielle de sa personne. Comme le dit Shakespeare dans un de ses sonnets : « L'amour n'est pas l'amour s'il change quand il trouve un changement. »

Pour moi personnellement, la conversion possible du fils aîné est d'une importance capitale. Il y a en moi beaucoup de ces attitudes que Jésus réprouve fortement chez les scribes et les pharisiens. J'ai étudié les livres, j'ai appris les lois et, souvent, je me suis présenté comme une autorité en matière religieuse. Les gens m'ont accordé beaucoup de respect et m'ont même appelé « révérend ». J'ai été récompensé par des compliments et des louanges, j'ai reçu de l'argent et des prix, j'ai été beaucoup acclamé. J'ai critiqué plusieurs types de comportement et, souvent, j'ai jugé les autres.

Alors, quand Jésus raconte la parabole de l'enfant prodigue, je dois écouter en prenant conscience que je suis très près de ceux qui ont provoqué ce récit de Jésus par leur remarque : « Cet homme accueille les pécheurs et mange avec eux. » Y a-t-il une chance pour moi de revenir vers le Père et de me sentir accueilli dans sa maison ? Ou est-ce que je suis tellement embourbé dans mon sentiment de rectitude que je suis condamné, malgré mon propre désir, à demeurer hors de la maison et à croupir dans ma colère et mon ressentiment ?

Jésus dit : « Heureux, vous les pauvres… heureux, vous qui avez faim… heureux, vous qui pleurez… », mais je ne suis ni pauvre, ni affamé, et je ne pleure pas. Jésus prie : « Je te bénis, Père, Seigneur du ciel et de la terre, d'avoir caché [les choses du Royaume] aux sages et aux intelligents. » (*Lc* 10,21) C'est à cette catégorie, les sages et les intelligents, que j'appartiens. Jésus montre une préférence certaine pour les marginaux de la société – les pauvres, les malades et les pécheurs – mais je ne suis certainement pas un marginal. La question pénible qui ressort pour moi de l'Évangile, c'est : « Aurais-je déjà reçu ma récompense ? » Jésus est très sévère envers ceux « qui aiment, quand ils font leurs prières, à se camper dans les synagogues et les carrefours, afin qu'on les voie » (*Mt* 6,5). C'est d'eux qu'il dit : « En vérité je vous le dis, ils tiennent déjà leur récompense. » Avec tout ce que j'ai écrit et dit au sujet de la prière, et avec toute la publicité que j'ai eue, je ne peux m'empêcher de me demander si ces paroles ne me sont pas destinées.

Bien sûr qu'elles le sont. Mais l'histoire du fils aîné jette sur toutes ces questions angoissantes une lumière nouvelle, car il est évident que Dieu n'aime pas plus le fils prodigue que le fils aîné. Dans la parabole, le père sort rejoindre le fils aîné, comme il l'avait fait pour le fils prodigue, il le supplie d'entrer dans la maison et lui dit : « Toi, mon enfant, tu es toujours avec moi, et tout ce qui est à moi est à toi. »

C'est à ces paroles que je dois porter attention, afin qu'elles pénètrent au cœur même de mon être. Dieu m'appelle « mon fils ». Le mot grec pour « enfant », *teknon*, utilisé par Luc, est « une formule affectueuse », comme l'explique Joseph A. Fitzmyer[1]. De façon littérale, ce que le père dit, c'est : « mon enfant ».

---

1. Voir « *The Gospel According to St. Luke* », vol. 2, *in The Anchor Bible*, Garden City, Doubleday, 1985.

Cette expression affectueuse devient plus claire encore dans les paroles qui suivent. Le père ne répond pas aux reproches amers et durs du fils, et il ne porte pas de jugement. Il n'émet ni récrimination ni accusation. Le père ne se défend pas et ne commente pas la conduite de son fils aîné. Le père dépasse toute évaluation, pour accentuer sa relation intime avec son fils : « Tu es toujours avec moi. » La déclaration paternelle d'un amour sans limite élimine toute possibilité que le fils prodigue soit aimé davantage que le fils aîné. Le fils aîné n'a jamais quitté la maison. Le père a tout partagé avec lui. Il l'a impliqué dans toutes ses activités quotidiennes, il ne lui a rien caché. « Tout ce qui est à moi est à toi. » Il ne peut y avoir de déclaration plus ferme de l'amour inconditionnel du père pour son fils aîné. Ainsi, un amour illimité, sans réserve, est également et totalement offert aux deux fils.

Renoncer à la rivalité

La joie occasionnée par le retour du fils cadet ne signifie nullement que le fils aîné était moins aimé, moins apprécié, moins favorisé. Le père ne compare pas ses deux fils. Il les aime tous les deux d'un amour total, et il exprime cet amour selon leur cheminement respectif. Il les connaît tous les deux de façon intime. Il comprend leurs dons uniques, ainsi que leurs faiblesses personnelles. Il voit avec amour la passion de son fils cadet, même lorsque cette passion dévie de l'obéissance. Avec le même amour, il voit l'obéissance de son fils aîné, même lorsqu'elle n'est pas dynamisée par la passion. Avec le fils cadet, il n'est pas question de meilleur ou de pire, de plus ou de moins, tout comme il n'y a pas de mesure avec le fils aîné. Le père répond aux deux selon leur personnalité unique. Le retour du fils prodigue appelle une fête joyeuse. Le retour du fils aîné lui vaut une invitation à participer totalement à cette joie.

Jésus dit : « Dans la maison de mon Père, il y a de nombreuses demeures. » (*Jn* 14,2) Chaque enfant de Dieu y a sa place unique, une place choisie par Dieu. Je dois renoncer à toute comparaison, toute rivalité et compétition, pour m'abandonner à l'amour du Père. Cela exige un bond dans la foi parce que j'ai très peu expérimenté un amour sans comparaison, et je ne connais pas le pouvoir guérisseur d'un tel amour. Aussi longtemps que je demeure à l'extérieur, dans l'ombre, je ne peux qu'éprouver le ressentiment qui résulte de mes comparaisons. En dehors de la lumière, mon jeune frère semble être aimé davantage par le Père que je ne le suis ; en fait, en dehors de la lumière, je ne peux même pas le voir comme mon propre frère.

Dieu me supplie de revenir à la maison, d'entrer dans sa lumière et d'y découvrir que là, en Dieu, toute personne est aimée de façon unique et en totalité. Dans la lumière de Dieu, je peux finalement voir mon voisin comme mon frère, comme celui qui appartient à Dieu tout autant que moi. Mais en dehors de la maison de Dieu, les frères et les sœurs, les maris et les épouses, les amants et les amis deviennent des rivaux, ou même des ennemis ; chacun d'eux est continuellement aux prises avec la jalousie, le soupçon, la rancune.

Il n'est pas surprenant que, dans sa colère, le fils aîné se plaigne à son père : « Jamais tu ne m'as donné un chevreau, à moi, pour festoyer avec mes amis ; et puis ton fils que voilà revient-il, après avoir dévoré ton bien avec des prostituées, tu fais tuer pour lui le veau gras ». Ces paroles révèlent combien cet homme est profondément blessé. L'estime qu'il a de lui-même est affectée douloureusement par la joie du père, et sa propre colère l'empêche d'accepter ce vaurien comme son frère. Par ces paroles, « ton fils que voilà », il se tient à distance, de son frère et de son père.

Il les regarde tous deux comme des étrangers qui ont perdu tout sens de la réalité et qui s'engagent dans une relation tout à fait inappropriée, compte tenu des véritables agissements du fils prodigue. Le fils aîné n'a plus de frère. Et il n'a plus de père. Les deux lui sont devenus étrangers. Il jette un regard de dédain à son frère, un pécheur ; et c'est avec peur qu'il regarde son père, un maître d'esclaves.

C'est ici que je vois à quel point le fils aîné est perdu. Il est devenu un étranger dans sa propre maison. La vraie communion est disparue. Toutes les relations sont entachées d'ombre. Avoir peur ou se montrer dédaigneux, subir la soumission ou essayer de contrôler, être un oppresseur ou être la victime : tels sont les choix de celui qui est à l'extérieur de la lumière. Les péchés ne peuvent être avoués, le pardon ne peut être reçu, la réciprocité de l'amour ne peut exister. La véritable communion est devenue impossible.

Je connais la souffrance de cette épreuve. En elle, tout perd sa spontanéité. Tout devient suspect, centré sur soi, calculé et plein d'arrière-pensées. On ne se fait plus confiance. Chaque petit geste appelle une contre-offensive ; chaque petite remarque est analysée ; le moindre geste doit être évalué. C'est la pathologie des ténèbres.

Y a-t-il moyen de s'en sortir ? Je ne le pense pas – du moins, pas de mon côté. Il semble que, plus j'essaie de me sortir de l'obscurité, plus il fait noir. J'ai besoin de lumière, mais cette lumière doit vaincre mes ténèbres et cela, je ne peux y arriver par moi-même. Étant incapable de me pardonner, je ne peux pas faire en sorte de me sentir aimé. Seul avec mes propres forces, je ne peux quitter le terrain de ma colère. Je ne peux me ramener à la maison et surtout, je ne peux pas créer la communion. Je peux la désirer, l'espérer, l'attendre et, bien sûr, prier pour l'obtenir. Mais seul, je ne peux créer ma véritable liberté. Il faut que cela me soit donné. Je suis perdu. Il faut que je sois trouvé et ramené à la maison par le berger qui est parti à ma recherche.

L'histoire du fils prodigue est l'histoire d'un Dieu parti à ma recherche, et qui ne peut se reposer tant qu'il ne m'aura pas trouvé. Il insiste et il supplie. Il me supplie de cesser de m'accrocher au pouvoir de la mort, pour me laisser saisir par des bras qui vont me transporter là où je vais trouver la vie que je désire tant.

Il y a quelque temps, j'ai vécu le retour du fils aîné d'une façon très concrète, dans ma propre chair. Alors que je marchais sur la route, j'ai été happé par une voiture et me suis retrouvé à l'hôpital, aux portes de la mort. Et c'est là que j'ai eu l'intuition soudaine que je ne serais pas libre de mourir, tant que je m'accrocherais à ma vieille rengaine de n'avoir pas été aimé assez par celui dont j'étais le fils. J'ai réalisé que je n'avais pas encore atteint ma vraie stature d'homme. J'ai senti fortement l'appel à laisser tomber mes plaintes d'adolescent, et à renoncer au mensonge qui me fait croire que j'ai été moins aimé que mes frères plus jeunes. Cela me faisait peur, mais en même temps, c'était très libérant. Quand mon père, très âgé, est venu par avion de Hollande pour me visiter, je savais que c'était là ma chance de m'approprier ma propre dignité de fils, reçue de Dieu. Pour la première fois de ma vie, j'ai dit à mon père, de façon explicite, que je l'aimais et que je lui étais reconnaissant de son amour pour moi. J'ai dit beaucoup de choses que je n'avais encore jamais dites, et j'ai été surpris de voir tout le temps que cela m'avait pris pour me déclarer. Mon père a paru surpris – et même perplexe – de ce que je lui disais, mais il a accueilli mes paroles avec un sourire compréhensif. Quand je repense à cet événement spirituel, je le vois comme un véritable retour, le retour d'une fausse dépendance envers un père qui ne peut pas me donner tout ce dont j'ai besoin, à une véritable dépendance envers un Père divin qui me dit : « Tu es toujours avec moi et tout ce qui est à moi est à toi » ; le retour également de mon moi qui s'apitoyait, qui faisait sans cesse des comparaisons et qui gardait rancune, en faveur de mon être véritable, qui est libre de donner et de recevoir l'amour. Et même s'il y a eu et s'il y aura sans doute encore beaucoup de rechutes, cette expérience m'a conduit au début d'une liberté de vivre ma propre vie, et de mourir ma propre mort. Le retour au « Père de qui toute paternité tire son nom » *(Ep* 3,14-15) me permet de laisser mon père n'être pas moindre que l'être bon, aimant et limité qu'il est, et de laisser mon Père du Ciel être le Dieu dont l'amour infini et inconditionnel fait disparaître tout ressentiment et toute colère, et me rend libre d'aimer au-delà du besoin de plaire et d'être approuvé.

Confiance et reconnaissance

Mon expérience personnelle de retour du fils aîné peut être une source d'espoir pour d'autres personnes aux prises avec le ressentiment, ce fruit amer de notre besoin de plaire. Je pense bien que chacun de nous aura un jour à traiter avec le fils aîné ou la fille aînée en nous. La question qui nous est posée est celle-ci : « Quoi faire pour rendre possible ce retour à la maison ? » Bien que Dieu lui-même sorte au-devant de nous, pour nous trouver et nous ramener à la maison, il nous faut non seulement reconnaître que nous sommes perdus, mais aussi être prêts à nous laisser trouver et à nous laisser ramener à la maison. Comment ? De toute évidence, il ne suffit pas d'attendre de façon passive. Même si nous sommes incapables de nous libérer nous-mêmes de notre colère paralysante, nous pouvons nous permettre de nous laisser trouver par Dieu, de nous laisser guérir par son amour, grâce à la pratique concrète et quotidienne de la confiance et de la reconnaissance. Confiance et reconnaissance constituent une discipline nécessaire à la conversion du fils aîné. Et j'ai fait l'expérience de cette discipline.

Je ne peux pas me laisser trouver si je ne fais pas confiance. La confiance, c'est cette conviction intérieure profonde que le Père me veut à la maison. Tant que je ne suis pas sûr que je vaux la peine d'être trouvé, et que je me rabaisse en me croyant moins aimé que mes frères et sœurs, je ne peux pas être trouvé. Il faut que je me répète sans cesse : « Dieu te cherche. Il va aller partout pour te trouver. Il t'aime, il te veut à la maison, il ne peut trouver de repos tant que tu ne seras pas avec lui. »

Il y a en moi une autre voix, sombre et puissante, qui dit le contraire : « Dieu n'est pas vraiment intéressé à moi, il préfère le pécheur repentant qui rentre à la maison après ses folles escapades. Il ne fait pas attention à moi qui n'ai jamais quitté la maison. Il me tient pour acquis. Je ne suis pas son préféré. Je ne m'attends pas à ce qu'il me donne ce dont j'ai vraiment besoin. »

Parfois, cette voix est tellement forte que j'ai besoin d'une énergie spirituelle énorme pour croire que le Père me veut à la maison, tout autant que son plus jeune fils. Cela exige une discipline réelle pour surmonter mon apitoiement chronique, et pour penser, parler et agir avec la conviction qu'on me cherche, et que je serai trouvé. Sans cette discipline, je deviens la proie d'un désespoir sans fin.

En me répétant que je ne suis pas assez important pour être trouvé, j'amplifie mon apitoiement jusqu'à devenir complètement sourd à la voix qui m'appelle. À un moment donné, je dois désavouer totalement cette voix par laquelle je me rejette moi-même, pour proclamer cette vérité que Dieu veut vraiment m'entourer de ses bras, tout comme

Le Retour de l'enfant prodigue,
1668-1669, Rembrandt Harmenszoon Van Rijn.
Musée de l'Ermitage, Saint-Pétersbourg.
© Akg Images.

Siméon dans le Temple (Simeon in the Temple),
1669, Rembrandt Harmenszoon Van Rijn.
Musée National, Stockholm.

Isaac et Rébecca - La Fiancée juive,
vers 1663, Rembrandt Harmenszoon Van Rijn.
Rijksmuseum, Amsterdam.

Autoportrait en fils prodigue avec sa femme Saskia,
vers 1636, Rembrandt Harmenszoon Van Rijn.
Gemäldegalerie Alte Meister, Dresde.

Le Retour de l'enfant prodigue,
1636, Eau-forte, Rembrandt Harmenszoon Van Rijn.
© Akg Images.

il fait pour mes frères et sœurs prodigues. Pour surmonter mon sentiment de perdition, la confiance doit être encore plus profonde que lui. Jésus exprime ce radicalisme en disant : « Tout ce que vous demandez en priant, croyez que vous l'avez déjà reçu, et cela vous sera accordé. » C'est en vivant cette confiance radicale que s'ouvrira le chemin par lequel Dieu va réaliser mon désir le plus profond.

En plus de la confiance, il faut aussi la reconnaissance – le contraire du ressentiment. Le ressentiment et la reconnaissance ne peuvent coexister, puisque le ressentiment bloque la perception et l'expérience de la vie en tant que don. Mon ressentiment me fait dire que je ne reçois pas ce que je mérite. Cela se manifeste toujours par de l'envie.

La reconnaissance, toutefois, va au-delà du « mien » et du « tien » et affirme la vérité que toute vie est pur don. Dans le passé, j'ai toujours pensé que la reconnaissance était une réponse spontanée aux cadeaux reçus, mais maintenant je réalise que la reconnaissance peut aussi être vécue comme une discipline. La discipline de la reconnaissance, c'est l'effort explicite de reconnaître que tout ce que je suis, et tout ce que j'ai, m'est donné comme un cadeau d'amour, un don à célébrer avec joie.

La reconnaissance comme discipline suppose un choix conscient. Je peux choisir d'être reconnaissant, même quand mes émotions et mes sentiments sont étouffés par la souffrance et le ressentiment. C'est étonnant de voir combien d'occasions s'offrent à moi où je peux choisir la reconnaissance, au lieu de m'apitoyer sur moi-même. Je peux choisir d'être reconnaissant quand on me critique, même lorsque mon cœur répond encore par de l'amertume. Je peux choisir de parler de bonté et de beauté, même si mon regard intérieur cherche encore quelqu'un à blâmer, ou quelque chose à détester. Je peux choisir d'écouter les voix qui pardonnent et regarder les visages qui sourient, même si j'entends encore des paroles de vengeance et que je vois encore des grimaces de haine.

Il y a toujours un choix entre le ressentiment et la reconnaissance, parce que Dieu est apparu dans mes ténèbres, il m'a supplié de rentrer à la maison et a déclaré d'une voix remplie d'affection : « Tu es toujours avec moi, tout ce qui est à moi est à toi. » Bien sûr, je peux choisir d'habiter dans les ténèbres, de pointer du doigt ceux qui semblent être mieux nantis que moi, de me lamenter au sujet des malheurs qui m'ont accablé dans le passé et, ainsi, m'enfermer dans le ressentiment. Mais je ne suis pas obligé d'agir ainsi. J'ai le choix de regarder droit dans les yeux Celui qui est parti à ma recherche, et de voir que tout ce que je suis et tout ce que j'ai reçu est un pur don qui appelle la reconnaissance.

Choisir la reconnaissance ne se fait pas sans un effort véritable. Mais chaque fois que je fais un tel choix, le choix suivant est un peu plus facile, il me libère un peu plus, il me décentre un peu plus de moi-même. Car chaque don que j'accueille en révèle un autre, et encore un autre, jusqu'à ce que finalement l'événement le plus normal, le plus évident et même le plus mondain soit rempli de grâce. Il y a un proverbe estonien qui dit : « Celui qui ne peut pas remercier pour une petite chose ne pourra pas remercier pour une grande chose. » Les actes de reconnaissance nous rendent reconnaissants parce que, petit à petit, ils nous apprennent que tout est grâce.

La confiance et la reconnaissance supposent le courage de prendre des risques, parce que la méfiance et le ressentiment, qui veulent me garder sous leur emprise, ne cessent de m'avertir du danger de renoncer à mes calculs et à mes soupçons. Il me faut donc faire un saut dans la foi, pour donner une chance à la confiance et à la reconnaissance : écrire une lettre gentille à quelqu'un qui ne veut pas me pardonner, téléphoner à quelqu'un qui m'a rejeté, dire une parole de compassion à quelqu'un qui ne peut en faire autant.

Le bond dans la foi veut toujours dire aimer sans s'attendre à être aimé en retour, donner sans chercher à recevoir, inviter sans vouloir être invité, accueillir sans demander d'être accueilli. Et chaque fois que je fais un petit pas dans la foi, j'entrevois Celui qui court à ma rencontre et m'invite à entrer dans sa joie, cette joie dans laquelle non seulement je me trouve moi-même, mais où je trouve aussi mes frères et sœurs. Ainsi, la discipline de la confiance et de la reconnaissance me révèle le Dieu qui me cherche, brûlant du désir de m'enlever tout mon ressentiment et toutes mes lamentations, pour m'inviter à m'asseoir à ses côtés, au banquet céleste.

Le véritable Fils aîné

Le retour du fils aîné est devenu aussi important pour moi, sinon plus, que le retour du fils prodigue. À qui ressemblera le fils aîné quand il sera libéré de son ressentiment, de sa colère, de sa jalousie ? Comme la parabole ne nous dit rien de la réponse du fils aîné, il nous reste le choix d'écouter le Père, ou de demeurer prisonnier de notre propre rejet.

Mais en réfléchissant à ce choix, et en réalisant que la parabole racontée par Jésus a été peinte par Rembrandt pour le bénéfice de ma conversion, il devient clair pour moi que Jésus, qui a raconté cette histoire, est lui-même non seulement le fils prodigue, mais également le fils aîné. Il est venu pour nous montrer l'amour du Père et me libérer de l'esclavage de mon ressentiment. Tout ce que Jésus dit de lui-même nous le révèle comme le Fils bien-aimé, celui qui vit en totale communion avec le Père. Il n'y a aucune distance, aucune crainte, aucun soupçon entre Jésus et le Père.

Les paroles du père dans la parabole : « Toi, mon enfant, tu es toujours avec moi et tout ce qui est à moi est à toi », expriment la véritable relation entre Dieu le Père et son Fils, Jésus. Jésus affirme constamment que toute la gloire qui appartient au Père appartient aussi au Fils. Tout ce que fait le Père, le Fils le fait également. Il n'y a pas de séparation entre le Père et le Fils : « Le Père et moi, nous sommes un » (*Jn* 17,22) ; pas de division dans le travail : « Le Père aime le Fils et lui a confié toute chose » (*Jn* 3,35) ; aucune compétition : « Je vous ai fait connaître tout ce que j'ai appris de mon Père » (*Jn* 15,15) ; aucune envie : « Le Fils ne peut faire de lui-même rien qu'il ne voie faire au Père » (*Jn* 5,19). Il y a une unité parfaite entre le Père et le Fils. Cette unité est au cœur du message de Jésus : « Croyez m'en ! je suis dans le Père et le Père est en moi. » (*Jn* 14,11) Croire en Jésus, c'est croire qu'il est celui que le Père a envoyé, celui en qui et par qui la plénitude de l'amour du Père est révélée (*Jn* 5,24 ; 6,40 ; 17,8).

Jésus exprime cela de façon dramatique dans la parabole des intendants malhonnêtes. Le propriétaire de la vigne, après avoir envoyé en vain plusieurs serviteurs pour prendre sa part de la récolte, décide d'envoyer « son fils bien-aimé ». Les intendants reconnaissent qu'il est l'héritier et décident de le tuer pour s'emparer de l'héritage. C'est l'image du fils véritable qui obéit à son père, non comme un esclave, mais comme le Bien-aimé, et accomplit la volonté du Père, en pleine unité avec lui.

Ainsi, Jésus est le Fils aîné du Père. Il est envoyé par le Père pour révéler l'amour inconditionnel de Dieu pour tous ses enfants prodigues, et pour s'offrir lui-même comme chemin de retour. Jésus, c'est la façon de Dieu de rendre possible ce qui est impossible, de permettre à la lumière de vaincre les ténèbres. La rancune et le ressentiment, si profonds puissent-ils être, peuvent fondre face à celui en qui s'incarne la pleine lumière de la condition de Fils. En regardant à nouveau le fils aîné de Rembrandt, je constate que la lumière froide sur son visage peut devenir chaude et profonde – le transformant totalement – et faire de lui qui il est en vérité : « Le Fils bien-aimé qui a la faveur de Dieu. »

TROISIÈME PARTIE

Le père

Comme il était encore loin, son père l'aperçut et fut touché de compassion ; il courut se jeter à son cou et l'embrassa longuement... le père dit à ses serviteurs : « Vite, apportez la plus belle robe et l'en revêtez, mettez-lui un anneau au doigt et des chaussures aux pieds. Amenez le veau gras, tuez-le, mangeons et festoyons, car mon fils que voilà était mort et il est revenu à la vie ; il était perdu et il est retrouvé ! » Et ils se mirent à festoyer.

[...] Son père sortit et le pria d'entrer. [...] le père lui dit : « Toi, mon enfant, tu es toujours avec moi, et tout ce qui est à moi est à toi. Mais il fallait bien festoyer et se réjouir, puisque ton frère que voilà était mort et il est revenu à la vie ; il était perdu et il est retrouvé ! »

7

Rembrandt et le père

Pendant que j'étais assis devant le tableau à l'Ermitage, en train d'absorber ce que je voyais, plusieurs groupes de touristes sont venus. Même s'ils ne restaient pas plus d'une minute devant le tableau, presque tous les guides le présentaient comme le tableau du père compatissant, et la plupart mentionnaient que c'était une des dernières œuvres de Rembrandt, peinte après une longue vie de souffrances. En effet, c'est bien de cela qu'il s'agit : c'est l'expression humaine de la compassion divine.

Au lieu de s'appeler *Le Retour du fils prodigue*, le tableau aurait bien pu s'intituler *L'Accueil par le père compatissant*. L'accent est mis moins sur le fils que sur le père. En fait, la parabole est une « Parabole de l'Amour du Père ». En voyant de quelle façon Rembrandt a peint le père, j'ai acquis une compréhension intérieure nouvelle de la tendresse, de la miséricorde et du pardon. Rarement, et peut-être même jamais, l'amour immense et compatissant de Dieu a-t-il été exprimé d'une façon aussi poignante. Chaque détail du personnage du père – l'expression de son visage, sa posture, les couleurs de ses vêtements et, plus que tout, le geste pacifiant de ses mains – nous parle de l'amour divin pour l'humanité, qui a existé depuis le commencement et qui existera toujours.

Tout est unifié ici : l'histoire de Rembrandt, l'histoire de l'humanité et l'histoire de Dieu. Le temps et l'éternité se croisent ; la mort qui approche et la vie éternelle se touchent ; le péché et le pardon s'embrassent ; l'humain et le divin ne font plus qu'un.

Ce qui donne à la représentation du père, dans le tableau de Rembrandt, un pouvoir irrésistible, c'est que ce qu'il y a de plus divin est saisi dans ce qu'il y a de plus humain. Je vois un vieillard à demi aveugle, avec une moustache et une barbe, vêtu d'une tunique brodée d'or et d'une cape rouge foncé, posant ses mains larges et raidies sur les épaules de son fils revenu. C'est très précis, très concret et facile à décrire.

Toutefois, je vois également une compassion infinie, un amour inconditionnel, un pardon sans fin – autant de réalités divines – émanant d'un Père qui est le créateur de l'univers. Ici, l'humain et le divin, le fragile et le puissant, le vieux et l'éternellement jeune, sont totalement exprimés. Tel est le génie de Rembrandt. La vérité spirituelle est complètement incarnée. Comme l'écrit Paul

Baudiquet : « Chez Rembrandt, le spirituel tire de la chair ses accents les plus forts et les plus merveilleux… »

Ce n'est pas sans raison que Rembrandt a choisi un vieillard presque aveugle pour signifier l'amour de Dieu. Bien sûr la parabole, racontée par Jésus, et la façon dont cette parabole a été interprétée tout au long des siècles, nous donnent le fondement principal de cette représentation de l'amour miséricordieux de Dieu. Mais je ne dois pas oublier que c'est l'histoire même de Rembrandt qui lui a permis de lui donner son expression unique.

Paul Baudiquet continue : « Dès sa jeunesse, Rembrandt n'a eu qu'une seule vocation : celle de vieillir. » Et c'est vrai que Rembrandt a toujours fait preuve d'un grand intérêt envers les personnes âgées. Très tôt, il en a fait des dessins, des gravures et des tableaux, et il fut de plus en plus fasciné par leur beauté intérieure. Parmi les portraits les plus frappants de Rembrandt, il y a ceux des personnes âgées ; et ses autoportraits les plus poignants ont été peints dans les dernières années de sa vie.

Après ses nombreuses épreuves, tant au foyer qu'au travail, il montre une fascination spéciale pour les aveugles. À mesure que la lumière de son œuvre s'intériorise, il commence à peindre les aveugles comme les véritables voyants. Il est attiré par Tobie et par Siméon, le quasi-aveugle, qu'il a peints plusieurs fois.

À mesure que sa propre vie se dirige vers les zones d'ombre du vieil âge, à mesure que ses succès déclinent et que la splendeur extérieure de sa vie diminue, Rembrandt entre davantage en contact avec l'immense beauté de la vie intérieure. C'est là qu'il découvre la lumière née d'un feu intérieur qui ne meurt jamais : le feu de l'amour. Son art n'essaie plus « de saisir, de conquérir et de réglementer le visible » ; il essaie plutôt « de transformer le visible en ce feu de l'amour, qui vient du cœur unique de l'artiste ».

Le cœur unique de Rembrandt devient le cœur unique du père. Le feu intérieur de l'amour, celui qui répand la lumière, et qui a acquis sa force à la suite de nombreuses années de souffrance dans la vie de l'artiste, ce feu brûle dans le cœur du père qui accueille le retour de son fils.

Je comprends maintenant pourquoi Rembrandt n'a pas suivi littéralement le texte de la parabole. Saint Luc écrit : « Comme il était encore loin, son père l'aperçut et fut touché de compassion. Il courut se jeter à son cou et l'embrassa longuement. » Plus tôt dans sa vie, Rembrandt avait gravé et dessiné cet événement avec tout le mouvement dramatique qu'il contient. Mais à l'approche de la mort, Rembrandt a choisi de représenter un père très calme, qui reconnaît son fils non pas avec les yeux du corps, mais avec le regard intérieur de son cœur.

Il semble que les mains qui reposent sur les épaules du fils prodigue sont les instruments de l'œil intérieur du père. Le père quasi aveugle voit loin et large. Son regard est un regard éternel, un regard qui embrasse toute l'humanité. C'est un regard qui comprend l'égarement des hommes et des femmes de tous temps et de tous lieux, qui connaît avec une compassion immense la souffrance de ceux qui ont choisi de quitter la maison, et qui ont versé des océans de larmes quand ils ont été torturés par l'angoisse et l'agonie. Le cœur du père brûle d'un immense désir de ramener ses enfants à la maison.

Oh ! combien il aurait aimé leur parler, les prévenir des dangers nombreux qui les menaçaient, et les convaincre que c'est à la maison qu'ils pourraient trouver ce qu'ils cherchaient de tous côtés. Combien il aurait aimé les ramener par son autorité de père, et les serrer tout contre son cœur, pour qu'ils ne soient pas blessés.

Mais son amour est trop grand pour agir ainsi. Il ne peut ni forcer, ni contraindre, ni pousser, ni tirer. Il offre même la liberté de rejeter cet amour ou d'aimer en retour. C'est précisément l'immensité de l'amour divin qui est la source de la souffrance divine. Dieu, le créateur du ciel et de la terre, a choisi d'être, d'abord et avant tout, un Père.

Comme Père, il veut ses enfants libres, libres pour aimer. Cette liberté comprend aussi la possibilité de quitter la maison, d'aller « dans un pays lointain » et de tout perdre. Le cœur du père sait toute la souffrance qui viendra de ce choix, mais son amour le rend impuissant à l'empêcher. Comme Père, il désire que ceux qui restent à la maison jouissent de sa présence et expérimentent son affection. Mais ici encore, il veut seulement offrir un amour qui sera librement reçu. Il souffre au-delà de toute expression quand ses enfants l'honorent des lèvres seulement, alors que leur cœur est loin de lui *(Is* 29,13). Il connaît « leur langue trompeuse » et « leur cœur déloyal » *(Ps* 78,36-37), mais il ne peut les forcer à l'aimer sans perdre sa véritable paternité.

En tant que Père, la seule autorité dont il se réclame est une autorité de compassion. Cette autorité s'acquiert en laissant les péchés de ses enfants lui percer le cœur. Il n'y a pas, chez ses enfants égarés, de cupidité, d'envie, de colère, de ressentiment, de jalousie ou de vengeance, qui ne causent un chagrin immense à son cœur. Si son chagrin est à ce point profond, c'est à cause de la pureté de son cœur. De ce lieu intérieur où l'amour embrasse toute souffrance humaine, le Père tend les bras vers ses enfants. Le geste de ses mains, qui dégagent une lumière intérieure, ne cherche qu'à guérir.

Tel est le Dieu en qui je veux croire : un Père qui, dès le début de la création, a tendu ses bras en un geste de bénédiction miséricordieuse, ne s'imposant jamais à qui que ce soit, mais attendant toujours ; ne baissant jamais les bras en signe de désespoir, mais espérant toujours que ses enfants reviendront, qu'il pourra leur adresser des mots d'amour, laissant ses bras fatigués reposer sur leurs épaules. Son seul désir est de bénir.

Le mot latin pour « bénir » est *benedicere*, ce qui signifie littéralement : *dire de bonnes choses*. Par ses mains plus que par sa voix, le Père veut dire de bonnes choses au sujet de ses enfants. Il n'a aucun désir de les punir. Ils ont déjà été punis de façon excessive par leur propre errance, intérieure et extérieure. Le Père veut simplement leur faire savoir que l'amour qu'ils ont cherché dans des chemins tortueux a été, est et sera toujours là, pour eux. Le Père veut leur dire, par ses mains plus que par sa bouche, « vous êtes mes bien-aimés, vous avez toute ma faveur. » Il est le berger « qui fait paître son troupeau, qui recueille dans ses bras les agneaux, les met sur sa poitrine » *(Is* 40,11).

Ce qui constitue le véritable centre du tableau de Rembrandt, ce sont les mains du père. C'est sur elles que toute la lumière est concentrée ; c'est sur elles que le regard des spectateurs est fixé ; en elles, la miséricorde se fait chair ; par elles, le pardon, la réconciliation et la guérison s'opèrent et grâce à elles, non seulement le fils fatigué mais aussi le père épuisé trouvent le repos. À la minute même où j'ai vu cette reproduction sur la porte du bureau de Simone, je me suis senti attiré par ces mains. Je ne comprenais pas exactement pourquoi. Mais graduellement, au fil des années, j'en suis venu à connaître ces mains. Elles m'ont tenu depuis le moment de ma conception, elles m'ont accueilli à ma naissance, m'ont tenu contre le sein de ma mère, m'ont nourri et m'ont gardé au chaud. Elles m'ont protégé à l'heure du danger et m'ont consolé au temps de l'épreuve. Elles m'ont salué au départ et ont toujours accueilli mon retour. Ces mains sont les mains de Dieu. Elles sont aussi les mains de mes parents, de mes professeurs, de mes amis, de mes guérisseurs et de tous ceux que Dieu m'a donnés pour me rappeler combien je suis protégé.

Rembrandt mourut peu de temps après avoir peint le père aux mains bénissantes. Les mains de Rembrandt avaient peint d'innombrables visages humains, d'innombrables mains humaines. Dans ce tableau, l'un de ses derniers, il a peint le visage et les mains de Dieu. Qui a servi de modèle pour ce portrait de Dieu, grandeur nature ? Rembrandt lui-même ?

Le père du fils prodigue *est* un autoportrait, mais non dans le sens traditionnel. Le visage de Rembrandt apparaît dans plusieurs de ses toiles. Il apparaît comme le fils prodigue dans un bordel, comme le disciple effrayé sur le lac, comme un des hommes qui ont descendu Jésus de la croix.

Mais ici, ce n'est pas le visage de Rembrandt qui est reproduit, mais son âme, l'âme d'un père qui a souffert plus d'une mort. Pendant les soixante-trois années de sa vie, Rembrandt a vu mourir non seulement sa chère épouse Saskia, mais aussi trois fils, deux filles, et les deux femmes avec lesquelles il a vécu. La douleur ressentie au moment de la mort de son fils bien-aimé, Titus, âgé de vingt-six ans, peu de temps après le mariage de ce dernier, n'a jamais été décrite, mais grâce au père du *Fils prodigue*, on peut voir combien de larmes elle a dû lui coûter. Créé à l'image de Dieu, Rembrandt en était venu à connaître, à travers sa longue et pénible lutte, la vraie nature de cette image. C'est l'image d'un vieillard presque aveugle, pleurant de tendresse et bénissant son fils profondément blessé. Rembrandt était le fils, il est devenu le père et, ainsi, il a été préparé à entrer dans la vie éternelle.

8

L'accueil du père

> Comme il était encore loin, son père l'aperçut [le plus jeune fils] et fut touché de compassion ; il courut se jeter à son cou et l'embrassa longuement.

> [...] son père sortit et le pria [le fils aîné] d'entrer.

J'ai souvent demandé à des amis de me donner leur première impression à la vue du *Fils prodigue* de Rembrandt. Inévitablement, ils signalent le sage vieillard qui pardonne à son fils : le patriarche bienveillant.

Plus je regarde le « patriarche », plus il devient clair pour moi que Rembrandt n'a pas fait le portrait de Dieu en vieux sage de la famille. Tout a commencé par les mains, qui sont différentes l'une de l'autre. La main gauche du père, posée sur l'épaule de son fils, est forte et musclée. Les doigts sont écartés et couvrent une bonne partie de l'épaule et du dos du fils prodigue. Je peux y voir une certaine pression, surtout dans le pouce. Cette main semble non seulement toucher mais, grâce à sa force, également soutenir. Même s'il y a de la douceur dans la façon dont la main gauche du père touche son fils, ce n'est pas sans une certaine fermeté.

La main droite du père est bien différente. Elle ne fait pas le geste de tenir ni de saisir. Elle est raffinée, douce et très tendre. Les doigts sont rapprochés et ont une certaine élégance. La main repose légèrement sur l'épaule du fils. Elle veut caresser, cajoler, offrir consolation et réconfort. C'est la main d'une mère.

Certains commentateurs ont suggéré que la main gauche masculine est la propre main de Rembrandt, alors que la main droite féminine ressemble à la main droite de *La Fiancée juive*, peinte à la même période. Cela me paraît vraisemblable.

Dès que j'ai perçu la différence entre les deux mains du père, tout un monde de significations s'est ouvert à moi. Le père n'est pas seulement un grand patriarche. Il est mère tout autant que père. Il touche son fils avec une main masculine et une main féminine. Il soutient et elle caresse. Il confirme et elle console. Il est vraiment Dieu, en qui la masculinité et la féminité, la paternité et la maternité sont totalement présentes. La douce pression caressante de la main droite fait écho aux paroles du prophète Isaïe : « Une femme oublie-t-elle l'enfant qu'elle nourrit, cesse-t-elle de chérir le fils de ses entrailles ? Même s'il s'en trouvait une pour l'oublier, moi je ne t'oublierai jamais ! Vois donc, je t'ai gravé sur les paumes de mes mains. » (*Is* 49,15-16)

Mon ami Richard White m'a fait remarquer que la caressante main féminine du père est du côté du pied nu et blessé du fils, alors que la forte main masculine est du côté du pied chaussé d'une sandale. Serait-ce présomptueux de penser qu'une main protège le côté vulnérable du fils, tandis que l'autre main supporte le côté fort du fils qui désire mener sa vie à bien ?

Il y a aussi la grande cape rouge. Sa couleur chaude et sa forme d'arche offrent un lieu d'accueil où il fait bon vivre. Au tout début, la cape qui couvre le corps recourbé du père me semblait être une tente invitant le voyageur fatigué à y trouver le repos ; mais, à force de regarder la cape rouge, une autre image, plus forte que celle de la tente, m'est venue : les ailes de la mère poule qui offrent un abri. Elles m'ont rappelé les paroles de Jésus au sujet de l'amour maternel de Dieu : « Jérusalem, Jérusalem… Que de fois j'ai voulu rassembler tes enfants, comme une poule rassemble ses poussins sous ses ailes, et vous n'avez pas voulu ! » (*Mt* 23,37-38)

Jour et nuit, Dieu me met à l'abri, comme la poule garde ses poussins sous ses ailes. Encore plus que l'image de la tente, les ailes de la poule vigilante symbolisent la sécurité que Dieu offre à ses enfants. Elles expriment le soin, la protection, l'endroit où l'on peut se sentir en sécurité et se reposer.

Chaque fois que je regarde la cape en forme de tente ou d'ailes, j'expérimente la qualité maternelle de l'amour de Dieu, et mon cœur se met à chanter avec le psalmiste :

> Quand je me tiens sous l'abri du Très-Haut
> et repose à l'ombre du Puissant,
> je dis au Seigneur « Mon refuge,
> mon rempart, mon Dieu dont je suis sûr !
> Tu me couvres et me protèges
> et sous ton aile, je trouve un refuge ».
>
> (*Ps* 91,1-4)

C'est ainsi qu'émerge, sous l'aspect du vieux patriarche juif, un Dieu-Mère qui accueille son fils à la maison.

Et quand je regarde à nouveau le vieillard de Rembrandt, penché sur son fils et posant ses mains sur ses épaules, je commence à voir non seulement un père qui « étreint son fils dans ses bras », mais également une mère qui caresse son enfant, qui l'entoure de la chaleur de son corps, et qui le tient tout contre le sein d'où il est sorti.

Ainsi, le « retour de l'enfant prodigue » devient le retour dans le sein de Dieu, le retour aux véritables origines de l'être, ce qui rappelle l'exhortation de Jésus à Nicodème, l'invitant à renaître d'en haut.

Maintenant, je comprends mieux aussi la très grande paix qui se dégage de ce portrait de Dieu. Il n'y a aucune sentimentalité ici, aucun romantisme, aucun conte simpliste au dénouement heureux. Ce que je vois ici, c'est Dieu comme une mère, qui reçoit à nouveau dans son sein celui qu'elle a fait à sa propre image. Les yeux presque aveugles, les mains, la cape, le corps recourbé, tout suggère l'amour maternel divin, marqué par la douleur, le désir, l'espérance et l'attente sans fin.

Le mystère, en effet, c'est que Dieu-Mère, dans sa compassion infinie, s'est liée pour l'éternité à la vie de ses enfants. Elle a choisi librement de devenir dépendante de ses enfants, à qui elle a fait don de la liberté. C'est ce choix qui occasionne de la douleur quand ses enfants la quittent, et qui lui apporte de la joie quand ils reviennent. Mais cette joie ne sera pas complète, tant que tous ceux qui ont reçu d'elle la vie ne seront pas rentrés à la maison et rassemblés autour de la table préparée pour eux.

Et cela comprend aussi le fils aîné. Rembrandt l'a placé à distance, hors du refuge symbolisé par la cape, à la périphérie du cercle de lumière. Le dilemme du fils aîné, c'est d'accepter ou de refuser le fait que l'amour de son père est au-delà de toute comparaison ; oser se laisser aimer comme son père se meurt de l'aimer, ou insister pour être aimé comme *lui* pense qu'il devrait être aimé. Le père sait que le choix doit venir du fils, même lorsqu'il l'attend les bras grands ouverts. Le fils aîné est-il prêt à s'agenouiller et à se laisser toucher par les mêmes mains qui se sont posées sur son jeune frère ? Sera-t-il prêt à recevoir le pardon et à expérimenter la présence guérissante du père, qui l'aime sans comparaison ? L'histoire racontée par Luc nous dit clairement que le père va au-devant de ses deux fils. Non seulement court-il pour accueillir son fils revenu, mais il sort également pour rencontrer l'aîné, le fils fidèle qui, rentrant des champs, s'interroge sur la raison d'être de la musique et de la danse ; le père sort pour le supplier d'entrer.

Pas question de plus ou de moins

C'est très important pour moi de comprendre la signification profonde de ce qui se passe ici. Alors que le père est rempli de joie par le retour de son plus jeune fils, il n'a pas oublié pour autant son fils aîné. Il ne tient pas ce dernier pour acquis. Sa joie est tellement intense qu'il n'a pu retarder la célébration ; mais dès qu'il s'est rendu compte de l'arrivée de son fils aîné, il a quitté la fête, il est sorti vers lui et l'a supplié de venir se joindre à eux.

Dans sa jalousie et son amertume, le fils aîné voit seulement que son frère irresponsable reçoit plus d'attention que lui, et il en conclut qu'il est le moins aimé des deux. Toutefois, le cœur de son père n'est pas partagé entre « le plus » et « le moins ». La réaction libre et spontanée du père, au retour du fils cadet, ne comporte aucune comparaison avec le fils aîné. Bien au contraire, il souhaite vivement partager sa joie avec son fils aîné.

Ce n'est pas facile pour moi de comprendre cela. Dans un monde qui compare constamment les gens, les classifiant comme plus ou moins intelligents, plus ou moins attirants, ayant réussi plus ou moins, ce n'est pas facile de croire en un amour qui se comporte différemment. Quand j'entends qu'on louange quelqu'un, je me crois moins digne de louange ; quand je lis quelque chose sur la bonté et la gentillesse de telle personne, je me demande si moi-même je suis aussi bon et gentil qu'elle ; et quand je vois des trophées, des récompenses et des premiers prix attribués à certaines personnes, ma réaction est toujours : « Pourquoi pas à moi ? »

Le monde dans lequel j'ai grandi est un monde rempli de notes, de points et de statistiques où, consciemment ou inconsciemment, j'essaie toujours de me comparer à tous les autres. Beaucoup de tristesses et de joies dans ma vie proviennent directement de ces comparaisons et la plupart, sinon toutes, sont inutiles, en plus d'être une terrible perte de temps et d'énergie.

Notre Dieu, qui est à la fois Père et Mère, ne fait pas de comparaison. Jamais. Même si je sais, dans ma tête, que cela est vrai, c'est encore très difficile de l'accepter pleinement dans tout mon être. Quand j'entends dire que quelqu'un est le fils préféré ou la fille préférée, ma réaction immédiate est que les autres enfants sont moins appréciés, ou moins aimés. Je ne peux m'expliquer comment tous les enfants de Dieu peuvent être « des favoris ». Et, pourtant, ils le sont. Quand j'essaie d'imaginer le Royaume de Dieu à partir du lieu où je suis en ce monde, j'entrevois Dieu comme le gardien d'un immense tableau qui compile les résultats célestes, et j'ai toujours peur de ne pas réussir. Mais si je me place du point de vue d'un Dieu qui nous accueille à la maison, je découvre que Dieu m'aime d'un amour divin, un amour qui reconnaît tout homme et toute femme selon sa valeur unique, sans jamais comparer.

Le frère aîné se compare à son frère plus jeune, et devient jaloux. Mais le père les aime tellement tous les deux qu'il ne lui est jamais venu à l'esprit de retarder la fête, pour éviter au fils aîné de se sentir rejeté. Je suis convaincu que beaucoup de mes problèmes émotifs fondraient comme neige au soleil si seulement je laissais la vérité de l'amour maternel de Dieu, dans lequel n'entre aucune comparaison, pénétrer mon cœur.

La difficulté de tout cela devient évidente quand je réfléchis à la parabole des ouvriers de la vigne (*Mt* 20,1-16). Chaque fois que je lis cette parabole, où le maître de la vigne donne autant aux ouvriers qui n'ont travaillé qu'une heure, qu'à ceux « qui ont peiné toute la journée sous le poids du jour », un sentiment de frustration monte en moi.

Pourquoi le propriétaire n'a-t-il pas payé d'abord ceux qui avaient travaillé pendant de longues heures, pour surprendre ensuite les derniers venus par sa générosité ? Pourquoi paie-t-il plutôt les ouvriers de la onzième heure en premier, suscitant ainsi de fausses attentes chez les autres, en plus de créer inutilement de l'amertume et de la jalousie ? Je réalise maintenant que ces questions naissent d'une perspective qui est prête à imposer la suprématie de l'ordre temporel sur l'ordre divin.

Il ne m'était pas venu à l'esprit que le propriétaire voulait peut-être que les ouvriers de la première heure se réjouissent de sa générosité envers les derniers venus. Peut-être supposait-il que ceux qui avaient travaillé toute la journée dans sa vigne pourraient être très reconnaissants d'avoir eu la chance de travailler pour un tel patron, et encore plus reconnaissants de voir quel homme généreux il était. Mais cela exige un revirement intérieur pour accepter une telle façon de penser, qui ne s'appuie pas sur la comparaison. Tel est pourtant le point de vue de Dieu. Dieu regarde son peuple comme les enfants d'une famille, qui se réjouissent que ceux qui ont fait seulement un peu sont aimés tout autant que ceux qui ont accompli beaucoup.

Le Maître est assez naïf pour croire qu'il y aura une grande joie, quand tous ceux qui ont passé du temps dans sa vigne – plus ou moins longtemps – auront reçu la même attention. En effet, il est naïf au point d'espérer qu'ils seront tellement heureux d'être en sa présence que l'idée de se comparer les uns aux autres ne leur viendra même pas à l'esprit. C'est pourquoi il dit, avec le même étonnement qu'un amoureux incompris : « Pourquoi êtes-vous envieux parce que je suis généreux ? » Il aurait pu dire : « Vous avez été avec moi tout le jour, et je vous ai donné tout ce que vous avez demandé ! Pourquoi être si amers ? » C'est le même étonnement qui vient du cœur du père, quand il dit à son fils jaloux : « Mon enfant, tu es toujours avec moi, et tout ce qui est à moi est à toi. »

C'est ici que se cache le grand appel à la conversion : regarder non avec les yeux tournés sur soi, mais avec les yeux de l'amour de Dieu. Tant que je vois Dieu comme un propriétaire terrien, ou comme un père qui veut tirer le plus possible de moi, tout en donnant peu, je ne peux que devenir jaloux, amer et envieux de mes compagnons de travail, ou de mes frères et sœurs. Mais si je peux regarder le monde avec les yeux de l'amour de Dieu, et découvrir que la vision de Dieu n'est pas celle d'un propriétaire ou d'un patriarche stéréotypé, mais plutôt celle d'un père généreux qui pardonne sans cesse, qui ne mesure pas son amour à ses enfants selon leur bon comportement, alors je vois que ma seule vraie réponse ne peut être que la gratitude.

Le cœur de Dieu

Dans le tableau de Rembrandt, le fils aîné se contente d'observer. C'est difficile d'imaginer ce qui se passe dans son cœur. Il en va du tableau comme de la parabole ; il me reste alors la question : « Comment va-t-il répondre à l'invitation de se joindre à la fête ? »

Il n'y a aucun doute – dans la parabole comme dans le tableau – au sujet du cœur du père. Son cœur est ouvert à ses deux fils ; il les aime tous les deux ; il espère les voir ensemble, comme frères, autour de la même table ; il veut que, malgré leurs différences, ils fassent l'expérience d'appartenir à la même maisonnée et d'être enfants du même père.

Quand je laisse tout cela descendre en moi, je vois comment l'histoire du père et de ses fils perdus me dit très fortement que ce n'est pas moi qui ai choisi Dieu, mais que c'est Dieu qui m'a choisi en premier. C'est là le grand mystère de notre foi. Nous ne choisissons pas Dieu, c'est Dieu qui nous choisit. De toute éternité, nous sommes cachés « à l'ombre de sa main » et « gravés dans sa paume » (*Is* 49,2-16). Avant même qu'aucun être humain ne nous touche, Dieu « nous forme en secret » et « nous façonne » dans les profondeurs de la terre, et avant même qu'un autre décide pour nous, Dieu « nous tisse dans le sein de notre mère » (*Ps* 139,13 et 15). Dieu nous aime avant qu'aucun être humain nous donne le moindre signe d'amour. Dieu nous aime d'un amour « premier », un amour illimité, inconditionnel, il veut que nous soyons ses enfants bien-aimés et il nous demande d'aimer comme lui nous aime.

Pendant la majeure partie de ma vie, j'ai lutté pour trouver Dieu, pour Le connaître, pour L'aimer. J'ai essayé très fort de suivre les directives de la vie spirituelle – prier sans cesse, travailler pour les autres, lire l'Écriture – et d'éviter les tentations nombreuses de me disperser. J'ai échoué plusieurs fois, mais j'ai toujours essayé de nouveau, même quand j'étais proche du désespoir.

Maintenant, je me demande si j'ai suffisamment réalisé que, pendant tout ce temps, Dieu essayait de me trouver, de me connaître et de m'aimer. La question n'est pas « comment vais-je trouver Dieu ? », mais « comment vais-je me laisser trouver par Lui ? » La question n'est pas « comment vais-je connaître Dieu ? », mais « comment vais-je me laisser connaître par Dieu ? » Dieu me cherche au loin, essayant de me trouver, avec un grand désir de me ramener à la maison. Dans les trois paraboles que Jésus raconte quand on lui demande pourquoi il mange avec les pécheurs, l'accent est mis sur l'initiative de Dieu. Dieu est le berger qui part à la recherche de la brebis perdue. Dieu est la femme qui allume une lampe, balaie toute la maison et cherche partout pour trouver la pièce d'argent qu'elle a perdue, jusqu'à ce qu'elle la trouve. Dieu est le père qui veille et attend ses enfants, court au-devant d'eux, les embrasse, parlemente avec eux et les supplie de rentrer à la maison.

Cela peut paraître étrange, mais Dieu veut me trouver tout autant, sinon plus, que je veux le trouver. Oui, Dieu a autant besoin de moi que j'ai besoin de Lui. Dieu n'est pas le patriarche qui reste à la maison sans bouger, et qui attend que ses enfants viennent à lui, s'excusent de leur conduite désordonnée, implorent le pardon et promettent de s'amender. Au contraire, il quitte la maison et, oubliant sa dignité, il court au-devant d'eux, ne fait nulle attention aux excuses et aux promesses de changement, et les amène à une table richement garnie pour eux.

Je commence maintenant à voir combien le caractère de mon cheminement spirituel va changer radicalement, le jour où je ne verrai plus Dieu comme celui qui se cache et qui rend si difficile ma recherche, alors qu'au contraire c'est lui qui me cherche et c'est moi qui me cache. Quand je regarde mon être perdu avec les yeux de Dieu, et que je découvre la joie de Dieu à cause de mon retour à la maison, alors ma vie peut devenir moins angoissée et plus confiante.

Est-ce que ce ne serait pas merveilleux d'accroître la joie de Dieu, en laissant Dieu me trouver et m'amener à la maison, pour fêter mon retour avec les anges ? Ne serait-ce pas encore plus merveilleux de faire sourire Dieu, en lui donnant la chance de me trouver et de m'aimer avec prodigalité ? De telles questions soulèvent un enjeu réel : celui de l'image que j'ai de moi-même. Puis-je accepter que je vaux la peine d'être cherché ? Est-ce que je crois qu'il y a un désir réel en Dieu d'être simplement avec moi ?

C'est là le cœur de mon combat spirituel : le combat contre le rejet et le mépris de moi-même. C'est une bataille féroce, parce que le monde et ses démons conspirent pour que je me croie sans valeur, inutile et négligeable. La société de consommation, par ses stratégies de marketing, manipule la faible estime de soi des consommateurs et crée des attentes spirituelles, à partir de moyens matériels. Tant qu'on me garde « petit », je peux facilement être séduit par la tentation d'acheter des choses, de rencontrer des gens ou d'aller dans des endroits qui promettent un changement radical de mon image, même s'ils sont totalement incapables de tenir ces promesses. Mais chaque fois que je me laisse ainsi manipuler ou séduire, j'ai encore plus de raisons de me rabaisser et de me voir comme l'enfant rejeté.

Un amour premier et éternel

Pendant longtemps, j'ai considéré l'image négative que j'avais de moi comme une vertu. On m'avait mis en garde si souvent contre l'orgueil et la vanité, que j'en étais venu à croire qu'il était bon de me déprécier moi-même. Mais maintenant, je réalise que le véritable péché consiste à nier l'amour premier de Dieu pour moi, à ignorer ma bonté originelle. Parce que si je ne m'appuie pas sur cet amour premier et cette bonté originelle, je perds contact avec mon vrai moi ; et je me détruis en cherchant auprès des « mauvaises personnes » et dans les « mauvais endroits », ce que je ne peux trouver que dans la maison de mon père.

Je ne pense pas être seul dans cette lutte pour m'approprier l'amour premier de Dieu et ma bonté originelle. Derrière beaucoup de revendications humaines, de compétitions et de rivalités, derrière beaucoup de confiance en soi et même d'arrogance, on trouve souvent un cœur très insécure, beaucoup moins sûr de lui-même que le comportement extérieur ne le laisserait croire. J'ai souvent été renversé de découvrir que des hommes et des femmes aux talents évidents, qui ont reçu beaucoup de crédit pour leurs réussites, ont aussi beaucoup de doutes quant à leur propre bonté. Plutôt que d'interpréter leurs succès extérieurs comme autant de signes de leur beauté intérieure, ils les vivent souvent comme une couverture qui cache le sentiment qu'ils ont d'être sans valeur. Beaucoup m'ont avoué : « Si seulement les gens savaient ce qui se passe à l'intérieur de moi, ils cesseraient de m'applaudir et de me louanger. »

Je me rappelle très bien avoir parlé avec un jeune homme aimé et admiré de tous. Il m'a raconté comment une critique anodine d'un de ses amis l'avait plongé dans une profonde dépression. En me parlant, ses larmes coulaient abondamment et son corps se tordait d'angoisse. Il sentait que son ami avait percé sa muraille défensive et l'avait vu tel qu'il était vraiment : un hypocrite hideux, un homme méprisable, sous son armure brillante. En écoutant son histoire, j'ai réalisé quelle vie misérable il avait vécue, même si son entourage avait envié ses talents.

Pendant des années, il avait porté en lui ces questions : « Est-ce que quelqu'un m'aime vraiment ? Est-ce que quelqu'un fait vraiment attention à moi ? » Et chaque fois qu'il s'élevait d'un échelon vers le succès, il songeait : « Cela ne dit pas vraiment qui je suis ; un beau jour, tout cela va s'écrouler et alors, les gens verront que je suis un bon à rien. »

Cette rencontre démontre comment beaucoup de personnes vivent leur vie sans être jamais complètement sûres d'être aimées comme elles sont. Beaucoup ont un passé plein d'histoires horribles qui expliquent en partie la piètre image qu'elles ont d'elles-mêmes : histoires de parents qui ne leur ont pas donné ce dont elles avaient besoin, ou de professeurs qui les ont maltraitées, ou d'amis qui les ont trahies, ou d'une Église qui les a laissées tomber à un moment critique de leur vie.

La parabole du fils prodigue est une histoire qui parle d'un amour qui existait avant même que tout rejet soit possible, et qui sera encore là après tous les rejets. C'est l'amour premier et éternel d'un Dieu qui est à la fois Père et Mère. C'est la source de tout amour humain, même le plus limité. Toute la vie et la prédication de Jésus n'avaient qu'un but : révéler cet amour inépuisable, illimité, maternel et paternel de son Dieu, et montrer le chemin pour que cet amour guide chaque pas de nos vies quotidiennes. Dans ce tableau du père, Rembrandt m'offre un aperçu de cet amour. C'est l'amour qui veut toujours accueillir à la maison et qui veut toujours faire la fête.

9

Le père organise une fête

> Le père dit à ses serviteurs : « Vite, apportez la plus belle robe et l'en revêtez, mettez-lui un anneau au doigt et des chaussures aux pieds. Amenez le veau gras, tuez-le, mangeons et festoyons, car mon fils que voilà était mort et il est revenu à la vie ; il était perdu et il est retrouvé ! » Et ils se mirent à festoyer.

C'est clair pour moi que le fils cadet n'appartient pas à une famille de petits fermiers. Luc décrit le père comme un homme très riche, qui a une grande propriété et beaucoup de serviteurs. Pour illustrer cette description, Rembrandt le revêt richement, ainsi que les deux hommes qui le regardent. Les deux femmes, en arrière-plan, sont appuyées contre une arche qui semble faire partie d'un palais plutôt que d'une ferme. Les habits somptueux du père et l'impression de richesse de ce qui l'entoure s'opposent en un vif contraste à la longue souffrance, tellement visible dans ses yeux à demi aveugles, dans sa figure triste et sa posture courbée.

Le Dieu qui souffre à cause de son immense amour pour ses enfants est le même Dieu qui est riche de bonté et de miséricorde (*Ep* 2,4), et qui désire révéler à ses enfants la richesse de sa gloire (*Rm* 9,23). Le père ne laisse même pas à son fils la chance de s'excuser. Il efface d'avance les excuses de son fils par un pardon spontané et juge sa demande de pardon comme sans importance, à comparer à la joie de son retour. Mais il y a plus que cela. Non seulement le père pardonne-t-il sans poser de questions, non seulement accueille-t-il avec joie son fils à la maison, mais il ne peut attendre davantage avant de lui donner une vie nouvelle, la vie en abondance (*Jn* 10,10). Dieu veut tellement donner la vie à son fils qu'il semble impatient. Rien n'est assez bon. Il faut lui donner ce qu'il y a de meilleur. Alors que le fils s'attend à être traité comme l'un des serviteurs, le père demande qu'on lui apporte le vêtement réservé aux invités de marque ; et bien que le fils ne se sente plus digne d'être appelé son enfant, le père lui donne un anneau pour mettre à son doigt et des sandales pour chausser ses pieds, afin de l'honorer comme son fils bien-aimé et le restaurer dans sa dignité d'héritier.

Je me rappelle très bien les vêtements que j'ai portés, l'été qui a suivi ma graduation de l'école secondaire. Pantalons blancs, large ceinture, chemise de couleur et souliers brillants : tout cela exprimait la fierté que j'éprouvais. Mes parents avaient été très heureux de m'acheter ces vêtements, car ils étaient très fiers de leur fils. Et je me sentais reconnaissant d'être leur fils. Je me rappelle surtout comme c'était bon d'avoir des souliers neufs. Depuis ce temps, j'ai beaucoup voyagé et j'ai vu beaucoup de gens marchant pieds nus. Maintenant, je comprends encore mieux la signification symbolique des souliers neufs. Les pieds nus signifient la pauvreté et, souvent, l'esclavage. Les souliers sont pour les riches et les puissants. Les souliers protègent de la morsure des serpents ; ils procurent sécurité et force. Ils transforment en chasseurs ceux qui sont pourchassés. Pour beaucoup de pauvres, avoir des souliers, c'est monter dans l'échelle sociale. Un vieux *negro spiritual* afro-américain exprime très bien cela : « Tous les enfants de Dieu ont des souliers. Quand j'arriverai au ciel, je mettrai mes souliers, et je pourrai me promener partout, dans le ciel du bon Dieu. »

Le Père revêt son fils des symboles de la liberté, la liberté des enfants de Dieu. Il ne veut qu'aucun d'eux soit serviteur ou esclave. Il veut qu'ils portent la robe d'honneur, l'anneau de l'héritage et les chaussures du prestige. C'est comme une investiture qui inaugure l'année de grâce du Seigneur. La pleine signification de cette investiture et de cette inauguration est clairement démontrée dans la quatrième vision du prophète Zacharie :

> Il me fit voir Josué, le grand prêtre, qui se tenait devant l'ange de Yahvé… Or Josué était vêtu d'habits sales lorsqu'il se tenait devant l'ange de Yahvé. Prenant la parole, celui-ci parla en ces termes à ceux qui se tenaient devant lui : « Enlevez-lui ses habits sales et le revêtez d'habits somptueux ; et mettez sur sa tête une tiare propre. » On le revêtit de somptueux habits et l'on mit sur sa tête une tiare propre. L'ange de Yahvé se tenait debout et lui dit : « Vois, j'ai enlevé de dessus toi ton iniquité. » Puis l'ange de Yahvé fit cette déclaration à Josué : « Ainsi parle Yahvé Sabaot. Si tu marches dans mes voies et gardes mes observances, tu gouverneras ma maison, tu garderas mes parvis et je te donnerai accès parmi ceux qui se tiennent ici… Écoute donc, Josué, grand prêtre […] j'écarterai l'iniquité de ce pays, en un seul jour. Ce jour-là […] vous vous inviterez l'un l'autre sous la vigne et sous le figuier. » *(Za* 3,1-10)

En relisant l'histoire du fils prodigue et, en arrière-plan, la vision de Zacharie, on comprend que le mot « Vite… » avec lequel le père exhorte ses serviteurs à apporter une robe pour son fils, un anneau et des sandales, exprime beaucoup plus qu'une simple impatience. Il exprime l'empressement divin à inaugurer le Royaume nouveau qui a été préparé depuis l'origine des temps.

Il ne fait aucun doute que le père veut une fête grandiose. Tuer le veau qui a été engraissé en vue d'une occasion spéciale montre combien le père veut enlever toutes les entraves et offrir à son fils une fête comme il ne s'en est jamais vu auparavant. Sa joie exubérante est évidente. Après avoir donné des ordres pour que tout soit prêt, il s'exclame : « Nous allons festoyer, car mon fils que voilà était mort et il est revenu à la vie ; il était perdu et il est retrouvé ! » Et aussitôt, ils commencent à fêter. Il y a abondance de nourriture, de musique et de danse, et les bruits joyeux de la fête s'entendent bien au-delà de la maison.

Une invitation à la joie

Je réalise que je ne suis pas familier avec l'image d'un Dieu qui organise une grande fête. Cela semble contredire la solennité et le sérieux que j'ai toujours attribués à Dieu. Mais quand on pense aux images que Jésus utilise pour décrire le Royaume de Dieu, on trouve souvent, au centre de ces images, un joyeux banquet. Jésus dit : « Beaucoup viendront du levant et du couchant prendre place au festin avec Abraham, Isaac et Jacob, dans le Royaume des Cieux. » *(Mt* 8,11) Et il compare le Royaume des Cieux à un festin de noces offert par le roi pour son fils. Les serviteurs du roi vont sur la place publique pour inviter les gens : « Voyez, j'ai apprêté mon banquet, mes taureaux et mes bêtes grasses ont été égorgés, tout est prêt, venez aux noces. » (*Mt* 22,4) Mais plusieurs n'étaient pas intéressés. Ils étaient trop pris par leurs propres affaires.

Tout comme dans la parabole du fils prodigue, Jésus exprime ici le grand désir de son Père d'offrir un banquet à ses enfants et aussi son empressement à commencer le banquet, même si les invités refusent de venir. Cette invitation à partager un repas est une invitation à l'intimité avec Dieu. Cela est surtout vrai à la dernière Cène, peu avant la mort de Jésus. C'est là qu'il dit à ses disciples : « Je vous le dis, je ne boirai plus désormais de ce produit de la vigne jusqu'au jour où je boirai avec vous le vin nouveau dans le Royaume de mon Père. » (*Mt* 26,29) Et à la fin du Nouveau Testament, la victoire ultime de Dieu est décrite en un splendide banquet de noces : « Il a pris possession de son règne, le Seigneur, le Dieu Maître-de-tout. Soyons dans l'allégresse et dans la joie, rendons gloire à Dieu, car voici les noces de l'Agneau… Heureux les gens invités au festin de noce de l'Agneau… » (*Ap* 19,6-9)

La célébration appartient au Royaume de Dieu. Dieu n'offre pas seulement le pardon, la réconciliation et la guérison, il veut aussi que ces dons deviennent une source de joie pour tous ceux qui en sont témoins. Dans les trois paraboles où Jésus explique pourquoi il mange avec les pécheurs, Dieu se réjouit et invite les autres à se réjouir avec lui. « Réjouissez-vous avec moi, dit le berger, j'ai trouvé ma brebis qui était perdue. » (*Lc* 15,3-7) « Réjouissez-vous avec moi, dit la femme, j'ai trouvé la drachme que j'avais perdue. » (*Lc* 15,8-10)

« Réjouissez-vous avec moi, dit le père, mon fils était perdu et il est retrouvé. »

Toutes ces voix sont la voix de Dieu. Dieu ne veut pas garder sa joie pour lui seul. Il veut que tout le monde la partage. La joie de Dieu est la joie de ses anges et de ses saints ; c'est la joie de tous ceux qui appartiennent au Royaume.

Rembrandt a peint le moment du retour du fils cadet. Le fils aîné et les trois autres membres de la maisonnée du père gardent leurs distances. Comprendront-ils la joie du père ? Laisseront-ils le père les embrasser ? Est-ce que moi je le laisserai faire ? Réussiront-ils à sortir de leurs récriminations et à entrer dans la célébration ? Et moi ?

Je ne vois qu'une partie de l'événement, et je ne peux qu'imaginer ce qui se passera par la suite. Je répète : Est-ce qu'ils laisseront le père… ? Est-ce que moi… ? Je sais que le père veut que tous ceux qui l'entourent admirent les nouveaux vêtements du fils revenu, qu'ils se joignent à lui autour de la table, qu'ils mangent et dansent avec lui. Ce n'est pas là une affaire privée. C'est un événement que toute la famille est invitée à célébrer, dans l'allégresse.

Je répète encore une fois : Viendront-ils ? Est-ce que moi, je vais y aller ? C'est une question importante parce qu'elle touche – aussi étrange que cela puisse paraître – ma résistance à vivre une vie joyeuse.

Dieu se réjouit. Non pas parce que les problèmes du monde sont réglés, non pas parce que toutes les douleurs et toutes les souffrances humaines ont cessé, non plus parce que des milliers de personnes ont été converties et le louent maintenant pour sa bonté. Non, Dieu se réjouit parce que *un* de ses enfants, qui était perdu, est retrouvé. Ce à quoi je suis appelé, c'est à entrer dans cette joie. C'est la joie de Dieu, non la joie que le monde offre. C'est la joie qui découle du fait de voir un enfant rentrer à la maison, au milieu de tant de destruction, de dévastation et d'angoisse dans notre monde. C'est une joie cachée, aussi discrète que le joueur de flûte que Rembrandt a peint sur le mur, au-dessus de la tête de l'observateur assis.

Je ne suis pas habitué à me réjouir de choses qui sont petites, cachées, et à peine remarquées par les gens qui m'entourent. Je suis habituellement prêt à recevoir les mauvaises nouvelles, à lire les comptes rendus de guerres, de violence et de crimes, à être témoin de conflits et de désordres. Je m'attends toujours à ce que mes visiteurs me parlent de leurs problèmes et de leurs souffrances, de leurs ennuis et de leurs déceptions, de leurs dépressions et de leurs angoisses. D'une certaine manière, je me suis habitué à vivre au milieu de la tristesse et, ainsi, mon regard ne perçoit plus la joie, et mes oreilles n'entendent plus la gaieté venant de Dieu, cette joie et cette gaieté qu'on peut trouver dans les coins perdus du monde.

J'ai un ami qui est tellement lié à Dieu qu'il peut voir de la joie là où moi je n'attends que de la tristesse. Il voyage beaucoup et rencontre une multitude de personnes. Quand il revient au pays, je m'attends toujours à ce qu'il me parle de la situation économique difficile des pays qu'il a visités, des graves injustices dont il a entendu parler, et de la souffrance qu'il a vue. Mais même s'il est très conscient des grands bouleversements de notre monde, il en parle rarement. Quand il partage ses expériences, il raconte les joies cachées qu'il a découvertes. Il parle d'un homme, d'une femme ou d'un enfant qui lui ont apporté espérance et paix. Il parle de petits groupes de gens qui demeurent fidèles les uns aux autres, malgré toutes sortes d'épreuves. Il parle des petites merveilles de Dieu. Parfois, je réalise que je suis un peu déçu, parce que je voudrais entendre « des nouvelles à sensation », des histoires excitantes et étonnantes dont on pourrait discuter avec des amis. Mais il ne répond jamais à mon besoin de sensations fortes. Il répète sans cesse : « J'ai vu quelque chose de très simple et de très beau, quelque chose qui m'a procuré beaucoup de joie. »

Le père du fils prodigue s'abandonne totalement à la joie que lui procure le retour de son fils. Il me faut tirer profit de cet exemple. Il me faut apprendre à capter toute la joie réelle qu'il est possible d'en retirer et faire en sorte que d'autres aussi la perçoivent. Oui, je sais que le monde entier n'a pas encore été converti, que la paix n'est pas établie partout, que toute la souffrance n'a pas encore été maîtrisée, mais malgré tout, je vois des gens qui rentrent à la maison ; j'entends des voix qui prient ; je remarque des gestes de pardon et je suis témoin de plusieurs signes d'espérance. Je n'ai pas à attendre que tout soit parfait, mais je peux célébrer chaque petit indice du Royaume déjà présent.

Cela demande une vraie discipline. Cela exige que je choisisse la lumière, même lorsqu'il y a beaucoup de ténèbres qui m'effraient, que je choisisse la vie, même quand les forces de mort sont visibles, que je choisisse la vérité, même quand je suis entouré de mensonges. Je suis tenté de me laisser submerger par la tristesse évidente de la condition humaine, au point de ne plus reconnaître la joie qui se manifeste dans des choses petites, mais bien réelles. La récompense de ce choix en faveur de la joie, c'est la joie elle-même. Vivre au milieu de personnes handicapées mentalement m'a convaincu de cela. Il y a beaucoup de rejet, de souffrance et de blessures parmi nous, mais une fois qu'on a choisi de trouver la joie cachée dans toute souffrance, la vie devient une célébration. La joie ne nie jamais la tristesse, mais la transforme en un sol fertile où germe encore plus de joie.

Sûrement, on va me traiter de naïf, d'irréaliste et de sentimental, et on m'accusera d'ignorer les problèmes « réels », les vices de structure qui sont responsables, pour une bonne part, de la misère humaine. Mais Dieu se réjouit quand un seul pécheur se repent. Au point de vue des statistiques, cela n'est pas très significatif. Mais pour Dieu, il semble bien que les chiffres importent peu. Qui sait si le monde n'a pas été épargné parce que une, deux ou trois personnes ont continué de prier, alors que le reste de l'humanité avait perdu espoir et avait abdiqué ?

Dans la perspective de Dieu, un acte caché de repentir, un petit geste d'amour désintéressé, un moment de vrai pardon sont tout ce qui est nécessaire pour que Dieu descende de son trône, coure au-devant de son fils repenti et remplisse les cieux de cris de joie divine.

Non sans peine

Si c'est là la façon de Dieu, alors je suis invité à oublier toutes les voix qui parlent de ruine et de damnation, ces voix qui m'entraînent à la dépression, pour permettre aux « petites » voix de révéler la vérité concernant le monde dans lequel je vis. Quand Jésus parle du monde, il est très réaliste. Il parle de guerres et de révolutions, de tremblements de terre, d'épidémies et de famines, de persécutions et d'emprisonnement, de trahisons, de haine et d'assassinats. Nulle part il n'est suggéré que tous ces signes du monde des ténèbres disparaîtront un jour. Et pourtant, la joie de Dieu peut être la nôtre, au milieu de tout cela. C'est la joie d'appartenir à la maisonnée de Dieu, dont l'amour est plus fort que la mort et qui nous rend capables de vivre dans le monde, tout en étant déjà dans le royaume de la joie.

C'est là le secret de la joie des saints. Depuis saint Antoine au désert, en passant par saint François d'Assise, par le frère Roger Schultz de Taizé, et par mère Teresa de Calcutta, la joie a été la marque du peuple de Dieu. On peut voir cette joie sur le visage de beaucoup de gens simples, pauvres et souffrants, qui vivent aujourd'hui dans des conditions économiques et sociales extrêmement difficiles, mais qui peuvent déjà entendre la musique et la danse dans la maison du Père. Pour ma part, je vois cette joie tous les jours, sur les visages des personnes handicapées de ma communauté. Toutes ces saintes personnes, qui ont vécu jadis ou qui sont nos contemporains, peuvent reconnaître les nombreux petits retours qui surviennent chaque jour et se réjouir avec le Père. Elles ont en quelque sorte percé le sens de la véritable joie.

Pour moi, c'est extraordinaire de faire l'expérience quotidienne de la différence radicale entre le cynisme et la joie. Les cyniques recherchent les ténèbres partout où ils vont. Ils signalent sans cesse les dangers qui approchent, les motifs impurs et les plans cachés. Ils traitent la confiance de « naïveté », l'attention à l'autre de « romantisme », et le pardon accordé de « sentimentalité ». Ils se moquent de l'enthousiasme, ridiculisent la ferveur spirituelle et méprisent le comportement charismatique. Ils se considèrent comme des gens réalistes, qui voient la réalité pour ce qu'elle est vraiment, et qui ne se laissent pas prendre au piège des « échappatoires émotionnelles ». Mais en minimisant la joie de Dieu, leurs ténèbres font naître encore plus de ténèbres.

Les personnes qui ont expérimenté la joie de Dieu ne nient pas les ténèbres, mais elles choisissent de ne pas y demeurer. Elles affirment que la lumière qui luit dans les ténèbres est plus forte que les ténèbres elles-mêmes, et qu'un tout petit peu de lumière peut chasser beaucoup d'ombre. Ces personnes signalent les unes aux autres les quelques reflets de lumière présents ici et là, et se rappellent que ces reflets manifestent la présence cachée, mais réelle, de Dieu. Elles découvrent qu'il y a des gens qui guérissent leurs blessures réciproques, qui se pardonnent mutuellement leurs offenses, qui partagent leur avoir, qui favorisent l'esprit communautaire, qui célèbrent les dons reçus et vivent dans une anticipation constante de la pleine manifestation de la gloire de Dieu.

À chaque minute de chaque jour, j'ai l'occasion de choisir entre le cynisme et la joie. Chacune de mes pensées, chacune de mes paroles, chacune de mes actions peut être cynique ou joyeuse. Je deviens de plus en plus conscient de ces choix possibles et de plus en plus, je découvre que chacun de ces choix pour la joie engendre, à son tour, plus de joie et offre des raisons supplémentaires de faire de la vie une véritable célébration dans la maison du Père.

Jésus a vécu pleinement cette joie de la maison du Père. En lui, nous pouvons voir la joie de son Père. « Tout ce qu'a le Père est à moi » (*Jn* 16,15), dit-il, incluant la joie infinie de Dieu. Cette joie divine n'efface pas la peine divine. Dans notre monde, la joie et la peine s'excluent l'une l'autre. Ici-bas, la joie signifie l'absence de peine, et la peine, l'absence de joie. Mais de telles distinctions n'existent pas en Dieu. Jésus, le fils de Dieu, est l'homme des douleurs, mais aussi l'homme de la joie totale. Nous avons un aperçu de cela quand nous réalisons qu'au milieu de ses plus grandes souffrances Jésus ne s'est jamais séparé de son Père. Son union à Dieu n'est jamais brisée, même quand il se sent abandonné par Dieu. La joie de Dieu fait partie de sa condition de fils et cette joie, commune à Jésus et à son Père, m'est offerte. Jésus veut que je partage avec lui cette même joie :

« Comme le Père m'a aimé, moi aussi je vous ai aimés. Demeurez en mon amour. Si vous gardez mes commandements, vous demeurerez en mon amour, comme moi j'ai gardé les commandements de mon Père et je demeure en son amour. Je vous dis cela, pour que ma joie soit en vous et que votre joie soit parfaite. » (*Jn* 15,9-11)

Comme l'enfant de Dieu revenu à la maison du Père, la joie de Dieu m'est offerte. Il y a rarement une minute de ma vie où je ne suis pas tenté par la tristesse, la mélancolie, le cynisme, les humeurs noires, les pensées sombres, les spéculations morbides et les vagues de dépression. Et très souvent, je leur permets de submerger la joie de la maison de mon Père. Mais quand je crois vraiment que je suis déjà rentré, et que mon Père m'a déjà remis le manteau, l'anneau et les sandales, je peux enlever le masque de tristesse qui couvre mon cœur et chasser le mensonge que ce masque dit au sujet de mon être véritable : je peux alors déclarer la vérité, avec la liberté intérieure d'un enfant de Dieu.

Mais il y a plus. Un enfant ne reste pas toujours enfant. L'enfant devient un adulte. L'adulte devient un père ou une mère. Quand le fils prodigue rentre à la maison, il n'y revient pas pour demeurer un enfant, mais pour retrouver sa condition de fils et devenir père à son tour. Comme l'enfant de Dieu, qui est invité à retrouver sa place dans la maison du Père, le défi pour moi maintenant, et même l'appel, c'est de devenir le Père à mon tour. Je suis effrayé par cet appel. Pendant longtemps, j'ai porté cette intuition que l'appel ultime consistait à rentrer dans la maison de mon Père. J'ai dû entreprendre un travail spirituel intense pour amener le fils aîné et le fils prodigue en moi, à rebrousser chemin et à recevoir l'amour accueillant du Père. Le fait est qu'à plusieurs niveaux je suis encore sur le chemin du retour. Mais plus je m'approche de la maison, plus il devient évident qu'il y a un autre appel, au-delà de l'appel à revenir. C'est l'appel à devenir le Père qui accueille à la maison et qui organise une célébration. Ayant retrouvé ma condition de fils, il me faut maintenant m'approprier la paternité. La première fois que j'ai vu le *Fils prodigue* de Rembrandt, je ne pouvais soupçonner que devenir le fils repentant n'était que la première étape, en vue de devenir le père miséricordieux. Je vois maintenant que les mains qui pardonnent, réconfortent, guérissent et offrent un banquet doivent devenir les miennes. Devenir le Père est alors pour moi l'étonnante conclusion de ces réflexions sur *Le Retour du fils prodigue* de Rembrandt.

CONCLUSION

Devenir le père

Montrez-vous miséricordieux
comme votre Père est miséricordieux.

La première fois que j'ai vu le *Fils prodigue* de Rembrandt, ce fut le commencement d'un cheminement spirituel qui m'a amené à écrire ce livre. Alors que je m'apprête à conclure, je découvre quel long chemin j'ai parcouru.

Dès le début, j'étais prêt à accepter que non seulement le fils cadet mais aussi le fils aîné me révéleraient un aspect important de mon cheminement spirituel. Pendant longtemps, le père est demeuré « l'autre », celui qui me recevrait, me pardonnerait, m'offrirait une maison et me donnerait paix et joie. Le père était l'endroit où revenir, le but de mon voyage, le lieu du repos final. Ce n'est que graduellement et douloureusement que j'en suis venu à réaliser que mon cheminement spirituel ne serait pas complet, aussi longtemps que le père resterait quelqu'un de l'extérieur, un étranger.

Il était devenu évident que même la meilleure formation théologique et spirituelle ne m'avait pas complètement libéré de l'image d'un Dieu Père qui demeurait quelque peu menaçant et terrifiant. Malgré tout ce que j'avais appris de l'amour du Père, je n'étais pas capable d'abandonner l'idée d'une autorité au-dessus de moi, qui avait un pouvoir sur moi et qui l'utiliserait à sa guise. En quelque sorte, l'amour de Dieu pour moi était limité par ma crainte du pouvoir de Dieu et il me semblait prudent de garder une certaine distance, même si mon désir d'intimité était immense. Je sais que mon expérience est aussi celle de beaucoup d'autres personnes. J'ai vu combien la peur d'être soumis à la vengeance et à la punition de Dieu avait paralysé la vie mentale et émotive de beaucoup de gens, indépendamment de leur âge, de leurs croyances ou de leur style de vie. Cette peur paralysante de Dieu est une des grandes tragédies de notre humanité.

Le tableau de Rembrandt et sa vie tragique m'ont fourni le contexte qui m'a permis de découvrir ceci : l'étape finale de la vie spirituelle est de pouvoir se débarrasser si totalement de la peur de Dieu qu'il devient possible alors de devenir semblable à lui. Tant que le Père évoque la peur, il reste un étranger et ne peut demeurer en moi. Mais Rembrandt, qui m'a montré chez le Père une vulnérabilité suprême, m'a fait prendre conscience que ma vocation finale est, en effet, de devenir semblable au Père et d'imiter sa miséricorde divine dans ma vie quotidienne. Bien que je sois à la fois le fils cadet et le fils aîné, je n'ai pas à le demeurer, mais à devenir le Père. Aucun père et aucune mère ne sont devenus père et mère sans d'abord avoir été fils ou fille, mais chaque fils et chaque fille doivent choisir consciemment de quitter l'enfance, avant de devenir père et mère pour d'autres. C'est un pas dans la solitude difficile à franchir, surtout à une époque de l'histoire où il est si difficile de bien vivre la condition de parents ; mais c'est une étape essentielle pour l'accomplissement du cheminement spirituel.

Bien que Rembrandt ne place pas le père au centre de son tableau, il est clair que le père est au cœur de cet événement. C'est de lui que vient toute la lumière, c'est vers lui que toute l'attention est dirigée. Fidèle à la parabole, Rembrandt a voulu que notre attention première soit accordée au père, avant toute autre personne.

Je suis étonné de voir combien de temps cela m'a pris avant que le père devienne le centre de mon attention. C'était tellement facile de m'identifier aux deux fils. Leur errance extérieure et intérieure est tellement compréhensible et si profondément humaine que l'identification se fait presque spontanément, dès que les liens sont signalés. Pendant longtemps, je m'étais identifié si totalement au fils cadet qu'il ne m'était pas venu à l'esprit que je pouvais ressembler davantage au fils aîné. Mais dès qu'un ami m'a dit : « Ne serais-tu pas le fils aîné de la parabole ? », il m'a été difficile de voir autre chose. De la même manière, nous participons tous, à un degré ou à un autre, à toutes les formes de blessures humaines. Ni la cupidité, ni la colère, ni la convoitise, ni le ressentiment, ni la frivolité, ni la jalousie ne sont complètement absents de chacune de nos vies. Notre blessure humaine peut s'exprimer de différentes façons, mais il n'y a ni offense, ni crime, ni guerre qui n'aient leurs racines dans notre propre cœur.

Mais qu'en est-il du père ? Pourquoi accorder tant d'attention aux fils, quand c'est le père qui est au cœur, et quand c'est le père à qui j'ai à m'identifier ? Pourquoi tant parler d'être comme les fils, alors que la vraie question est : « Es-tu intéressé à être comme le père ? » Cela fait du bien de pouvoir dire : « Ces fils me ressemblent. » On a l'impression d'être compris. Mais comment se sent-on quand on dit : « Le père est comme moi » ? Est-ce que je veux être comme le père ? non seulement celui à qui on pardonne, mais aussi celui qui pardonne ; non seulement celui qui est accueilli à la maison, mais aussi celui qui accueille ; non seulement celui à qui on fait miséricorde, mais également celui qui l'offre ?

N'y a-t-il pas une pression subtile, de la part de l'Église et de la société, pour qu'on demeure comme un enfant dépendant ? L'Église, dans le passé, n'a-t-elle pas mis l'accent sur une forme d'obéissance qui a rendu difficile la reconnaissance d'une paternité spirituelle, et notre société de consommation ne nous encourage-t-elle pas à succomber à des gratifications enfantines ? Qui nous a vraiment mis au défi de nous libérer de nos dépendances immatures et d'accepter le poids des responsabilités adultes ? N'essayons-nous pas constamment d'échapper au devoir terrible de la paternité ? Rembrandt l'a sûrement fait. Ce n'est qu'après beaucoup de peine et de souffrance, alors qu'il approchait de la mort, qu'il a été capable de peindre la vraie paternité spirituelle.

L'affirmation la plus radicale que Jésus ait faite est peut-être celle-ci : « Montrez-vous miséricordieux comme votre Père est miséricordieux. » (*Lc* 6,36) La compassion de Dieu est décrite par Jésus, non seulement pour me montrer combien Dieu désire prendre soin de moi, ou me pardonner mes péchés et m'offrir une vie nouvelle remplie de bonheur, mais aussi pour m'inviter à devenir comme Dieu et à témoigner aux autres la même compassion que lui me témoigne. Si la seule signification de la parabole était que les gens pèchent mais que Dieu pardonne, je pourrais facilement commencer à penser que mes péchés sont une excellente occasion pour Dieu de me montrer son pardon. Il n'y aurait aucun défi dans une telle interprétation. Je me résignerais à mes faiblesses et je continuerais à espérer que finalement Dieu fermera les yeux et me laissera entrer à la maison, quoi que je fasse. Un tel romantisme sentimental n'est pas conforme au message évangélique.

Peu importe que je sois le fils prodigue ou le fils aîné, je suis le fils d'un Père miséricordieux. C'est cela que je suis appelé à réaliser. Je suis un héritier. Personne ne le dit plus clairement que Paul, quand il écrit : « L'Esprit en personne se joint à notre esprit pour attester que nous sommes enfants de Dieu. Enfants, et donc héritiers ; héritiers de Dieu et cohéritiers du Christ, puisque nous souffrons avec lui pour être aussi glorifiés avec lui. » (*Rm* 8,16-17) En effet, en tant que fils et héritier, je suis appelé à la succession. Je suis destiné à prendre la place de mon Père et à offrir aux autres la même compassion qu'il m'a offerte. Le retour au Père est finalement le défi de devenir le Père.

Cet appel à devenir le Père exclut toute interprétation mièvre de la parabole. Je sais combien je désire rentrer et être embrassé, mais est-ce que je veux vraiment être le fils et l'héritier, avec tout ce que cela comporte ? Être dans la maison de mon Père requiert que je fasse mienne la vie du Père et que je me laisse transformer à son image.

En me regardant dans un miroir, il n'y a pas longtemps, j'ai été frappé par ma ressemblance avec mon père. En voyant mes traits, j'ai soudain reconnu l'homme que j'avais vu quand j'avais vingt-sept ans : l'homme que j'avais admiré en même temps que critiqué, aimé en même temps que craint. J'avais dépensé beaucoup d'énergie à essayer de trouver mon être propre face à cette personne, et beaucoup de questions relatives à mon identité et à mon avenir avaient été façonnées par le fait d'être le fils de cet homme. En voyant apparaître cet homme dans le miroir, j'ai été renversé de constater que toutes les différences, dont j'étais devenu conscient pendant ma vie, étaient bien petites par rapport aux ressemblances. J'ai éprouvé un choc en réalisant que j'étais en effet héritier, successeur, celui qui est admiré, craint, louangé et incompris des autres, tout comme mon père l'avait été par moi.

La paternité de compassion

Le portrait du père du fils prodigue, tel que peint par Rembrandt, me fait comprendre que je n'ai plus à utiliser ma condition de fils pour garder mes distances. Après avoir exploité au maximum cette condition de fils, le temps est venu de surmonter tous les obstacles et de m'approprier cette vérité : devenir le vieillard qui est devant moi est vraiment tout ce que je désire pour moi-même. Je ne peux pas demeurer un enfant toute ma vie, je ne peux pas pointer mon père du doigt pour excuser l'échec de ma vie. Je dois oser étendre mes propres mains en signe de bénédiction et accueillir avec grande compassion mes enfants, peu importe ce qu'ils pensent de moi ou éprouvent à mon égard. Puisque devenir le Père miséricordieux est le but ultime de la vie spirituelle, comme il est dit dans la parabole et exprimé dans le tableau de Rembrandt, il me faut maintenant en explorer toute la signification.

Il faut d'abord que je me rappelle le contexte dans lequel Jésus raconte l'histoire de « l'homme qui avait deux fils ». Luc écrit : « Les publicains et les pécheurs s'approchaient tous de lui pour l'entendre. Et les pharisiens et les scribes de murmurer : Cet homme fait bon accueil aux pécheurs et mange avec eux. » (*Lc* 15,1-2) Ils remettent en question sa légitimité comme enseignant, en lui reprochant sa proximité avec les pécheurs. En réponse à ces critiques, Jésus raconte les paraboles de la brebis perdue, de la drachme perdue et du fils prodigue.

Jésus veut montrer clairement que le Dieu dont il parle est un Dieu miséricordieux, qui accueille avec joie dans sa maison les pécheurs repentants.

Par conséquent, le fait de fréquenter les gens de mauvaise réputation et de manger avec eux ne contredit pas son enseignement sur Dieu mais, au contraire, l'incarne dans la vie de tous les jours. Si Dieu pardonne aux pécheurs, alors ceux qui ont foi en Dieu devraient également pardonner. Si Dieu accueille les pécheurs dans sa maison, alors ceux qui font confiance à Dieu devraient agir ainsi. Si Dieu est miséricordieux, alors ceux qui aiment Dieu devraient l'être à leur tour. Le Dieu que Jésus annonce et au nom de qui il agit est le Dieu de la compassion, le Dieu qui s'offre en exemple, comme le modèle de tout comportement humain.

Mais il y a plus. Devenir semblable au Père céleste n'est pas seulement un aspect important de l'enseignement de Jésus, c'est le cœur même de son message. Le radicalisme des paroles de Jésus et l'impossibilité apparente de ses exigences sont très évidents quand on les entend comme faisant partie d'un appel général à devenir et à être de véritables fils et filles de Dieu.

Tant que nous appartiendrons à ce monde-ci, nous demeurerons assujettis à son mode compétitif, avec l'espérance d'être récompensés pour tout le bien que nous ferons. Mais quand nous appartenons à Dieu, qui nous aime de façon inconditionnelle, nous pouvons vivre comme lui. La grande conversion à laquelle nous invite Jésus, c'est de passer d'une appartenance à ce monde à une appartenance à Dieu.

Quand, peu de temps avant sa mort, Jésus prie pour ses disciples, il dit : « Père, ils ne sont pas du monde, comme moi je ne suis pas du monde... Que tous soient un. Comme toi, Père, tu es en moi et moi en toi, qu'eux aussi soient un en nous, afin que le monde croie que tu m'as envoyé. » (*Jn* 17,16-21)

Une fois rendus dans la maison de Dieu comme fils et filles de sa maisonnée, nous pouvons être comme lui, aimer comme lui, être bons comme lui, prendre soin comme lui. Jésus ne laisse aucun doute là-dessus quand il explique : « Si vous aimez ceux qui vous aiment, quel gré vous en saura-t-on ? Car même les pécheurs aiment ceux qui les aiment. Et si vous faites du bien à ceux qui vous en font, quel gré vous en saura-t-on ? Même les pécheurs en font autant. Et si vous prêtez à ceux dont vous espérez recevoir, quel gré vous en saura-t-on ? Même des pécheurs prêtent à des pécheurs pour en recevoir l'équivalent. Au contraire, aimez vos ennemis, faites du bien et prêtez sans rien attendre en retour. Votre récompense alors sera grande, et vous serez les Fils du Très-Haut, car il est bon, Lui, pour les ingrats et les méchants. Montrez-vous miséricordieux comme votre Père est miséricordieux. » (*Lc* 6,32-36)

Tel est le cœur du message évangélique. La façon dont les êtres humains sont appelés à s'aimer les uns les autres est la façon même de Dieu. Nous sommes appelés à nous aimer les uns les autres, avec le même amour généreux et accueillant que nous voyons dans la représentation du père, comme l'a peint Rembrandt. La compassion qui est exigée de notre façon d'aimer ne peut aucunement s'appuyer sur la compétition. Il s'agit d'une compassion absolue d'où toute trace de compétition est exclue. Elle doit être un amour radical des ennemis. Si nous voulons non seulement être reçus par Dieu mais accueillir comme Dieu, il nous faut devenir comme le Père céleste et voir le monde à travers ses yeux.

Mais plus important encore que le contexte de la parabole et l'enseignement explicite de Jésus, il y a la personne même de Jésus. Jésus est le vrai Fils du Père. Il est le modèle à suivre pour devenir comme le Père. En lui demeure la plénitude de Dieu. En lui réside toute la connaissance de Dieu ; toute la gloire de Dieu demeure en lui ; toute la puissance de Dieu lui appartient. Son union avec le Père est si intime et si complète que voir Jésus, c'est voir le Père. « Montre-nous le Père », demande Philippe. Jésus lui répond : « Qui m'a vu a vu le Père. » (*Jn* 14,9)

Jésus nous montre ce qu'est la véritable filiation. Il est le fils cadet, sans la révolte. Il est le fils aîné, sans la rancune. En toutes choses, il obéit à son Père, mais il n'est pas son esclave. Il entend tout ce que le Père dit, mais cela ne fait pas de lui un serviteur. Il fait tout ce que le Père lui demande de faire, mais il reste complètement libre. Il donne tout et il reçoit tout. Il déclare ouvertement : « En vérité, je vous le dis, le Fils ne peut faire de lui-même rien qu'il ne voie faire au Père : ce que fait celui-ci, le Fils le fait pareillement. Car le Père aime le Fils et lui montre tout ce qu'il fait. Il lui montrera des œuvres plus grandes encore que celles-ci : vous en serez stupéfaits. Comme le Père en effet ressuscite les morts et les rend à la vie, ainsi le Fils donne vie à qui il veut. Car le Père ne juge personne : tout le jugement, il l'a remis au Fils, afin que tous honorent le Fils comme ils honorent le Père. » (*Jn* 5,19-23)

Telle est la filiation divine. Et c'est à cette filiation que je suis appelé. Le mystère de la rédemption, c'est que le Fils de Dieu s'est fait chair, pour que tous les enfants perdus de Dieu puissent devenir fils et filles, à la manière de Jésus. Dans cette perspective, la parabole du fils prodigue prend une dimension toute nouvelle. Jésus, le bien-aimé du Père, quitte la maison de son Père pour prendre sur lui les péchés de tous les enfants égarés du Père, afin de les ramener à la maison. Mais tout en quittant la maison, Jésus reste près de son Père et, par son obéissance totale, il offre la guérison à ses frères et sœurs pleins de ressentiment. Ainsi, à cause de moi, Jésus devient le fils cadet ainsi que le fils aîné, pour me montrer comment devenir le Père. Par lui, je peux redevenir un véritable fils et, en tant que tel, je peux finalement grandir et devenir miséricordieux, comme notre Père céleste l'est.

À mesure que les années passent, je découvre combien ardue et stimulante, mais aussi combien gratifiante est cette croissance dans la paternité spirituelle. Le tableau de Rembrandt exclut l'idée que cette quête ait quelque chose à voir avec le pouvoir, l'influence ou le contrôle. J'ai peut-être eu l'illusion qu'un jour tous les chefs disparaîtraient et que, finalement, ce serait moi le chef. Mais ça, c'est la mentalité du monde où le pouvoir est la principale préoccupation. Et ce n'est pas difficile d'imaginer que ceux qui ont essayé toute leur vie de se débarrasser de leurs chefs ne seront guère différents de leurs prédécesseurs, une fois qu'ils auront accédé au pouvoir. La paternité spirituelle n'a rien à voir avec le pouvoir ou le contrôle. C'est une paternité de compassion. Et il me faut continuellement regarder le père, embrassant le fils prodigue, pour entrevoir cela.

Malgré mes intentions les meilleures, je me surprends à lutter continuellement pour conquérir le pouvoir. Quand je donne un conseil, je veux savoir s'il a été suivi ; quand j'offre de l'aide, je veux être remercié ; quand je donne de l'argent, je veux qu'il soit utilisé comme je l'entends ; quand je fais quelque chose de bien, je veux qu'on s'en souvienne. Peut-être que je n'aurai pas de statue, ni même une plaque commémorative, mais je suis toujours préoccupé par la pensée de ne pas être oublié, de savoir que, d'une certaine manière, je vais continuer à vivre dans la pensée et dans les actions des autres.

Mais le père du fils prodigue ne se soucie pas de lui-même. Sa vie de longues souffrances l'a vidé de son désir de tout contrôler. Ses enfants sont sa seule préoccupation, c'est à eux qu'il veut se donner totalement, et il veut donner tout ce qu'il est pour eux.

Puis-je donner sans espérer quelque chose en retour, aimer sans mettre des conditions à mon amour ? Quand je pense à mon immense désir d'être reconnu et aimé, je réalise que ce sera pour moi la lutte de toute ma vie. Mais je suis également convaincu que, chaque fois que je dépasse ce besoin et que j'agis sans espérer de retour, ma vie peut vraiment porter les fruits de l'Esprit de Dieu.

Y a-t-il un chemin vers cette paternité spirituelle ? Ou bien suis-je condamné à demeurer tellement enfermé dans mon propre besoin de trouver ma place au soleil que je finis toujours par revenir à une autorité qui repose sur le pouvoir, au lieu d'une autorité qui s'enracine dans la compassion ? Est-ce que la compétition a tellement perverti mon cœur que je vais continuer à voir mes propres enfants comme des rivaux ? Si Jésus m'appelle vraiment à devenir miséricordieux, comme son Père céleste est miséricordieux, et si Jésus se présente comme le chemin vers cette vie de compassion, alors je ne peux continuer à agir comme si la compétition devait avoir le dernier mot. Il me faut croire que je peux devenir le Père que je suis appelé à être.

Souffrance, pardon et générosité

En regardant le père dans le tableau de Rembrandt, je découvre trois chemins vers la véritable paternité de compassion : la souffrance, le pardon et la générosité.

Cela peut paraître étrange de considérer la souffrance comme un chemin de compassion. Mais c'en est un. La souffrance me demande de laisser les péchés du monde, y compris les miens, transpercer mon cœur et me faire verser des larmes, beaucoup de larmes, pour eux. Il ne peut y avoir de compassion vraie sans beaucoup de larmes. Peut-être ne sera-ce pas des larmes qui coulent de mes yeux, mais au moins elles jailliront de mon cœur. Quand je pense à l'immense égarement des enfants de Dieu, à notre cupidité et à notre convoitise, à notre violence, notre colère et notre rancune, quand je regarde tout cela avec les yeux du cœur de Dieu, je ne peux que pleurer et gémir de chagrin :

Regarde, mon âme, comment un être humain essaie d'infliger à un autre être humain tant de souffrances ; regarde ces gens qui complotent pour nuire à leurs compatriotes ; regarde ces parents qui maltraitent leurs enfants ; regarde ce propriétaire agricole qui exploite ses ouvriers ; regarde ces femmes violentées, ces hommes brutalisés, ces enfants abandonnés. Regarde le monde, mon âme ; vois les camps de concentration, les prisons, les centres d'accueil et les hôpitaux, et entends monter le cri des pauvres.

Ce cri de douleur est une prière. Il reste si peu de gens dans notre monde qui pleurent ainsi. Mais la souffrance est la discipline du cœur qui voit le péché du monde et sait qu'elle est elle-même le prix douloureux de la liberté, sans lequel l'amour ne pourra fleurir. Je commence à comprendre qu'une grande part de la prière consiste à pleurer. La souffrance est à ce point profonde, non seulement parce que le péché humain est très grand, mais aussi – et surtout – parce que l'amour divin est infini. Pour devenir comme le Père, dont la seule autorité est la compassion, je dois verser d'abondantes larmes et, ainsi, préparer mon cœur à accueillir chaque personne, peu importe ce qu'a été son cheminement, et lui pardonner à partir de ce cœur.

Le deuxième chemin qui conduit à la paternité spirituelle, c'est le pardon. C'est grâce à un pardon sans cesse répété qu'on devient comme le Père. Le pardon qui vient du cœur est très, très difficile. C'est presque impossible. Jésus disait à ses disciples : « Si ton frère pèche sept fois le jour contre toi et que sept fois il revienne à toi, en disant : "Je me repens", tu lui pardonneras. » (*Lc* 17,4)

J'ai souvent dit : « Je te pardonne », mais même en prononçant ces paroles, mon cœur demeurait souvent en colère, ou plein de rancune. Je voulais encore entendre dire qu'après tout j'avais raison ; je voulais encore entendre des excuses ; je voulais encore avoir la satisfaction d'être louangé en retour – ne serait-ce que pour avoir pardonné !

Mais le pardon de Dieu est sans condition ; il vient d'un cœur qui ne demande rien pour lui, un cœur qui est complètement vide de toute recherche de soi. C'est cette manière divine de pardonner que je dois pratiquer chaque jour. Cela me demande de dépasser tous les arguments qui affirment que ce n'est pas sage de pardonner, que c'est malsain et, à toutes fins utiles, impossible. Il m'invite à dépasser tout mon besoin de reconnaissance et de compliments. Finalement, il me demande de dépasser cette partie blessée de mon cœur qui a encore mal et qui se sent lésée, qui veut encore contrôler et mettre quelques conditions entre moi et la personne à qui je suis appelé à pardonner.

Ce dépassement est l'authentique discipline du pardon. Peut-être s'agit-il plus de passer par-dessus que de dépasser. Souvent, j'ai à passer par-dessus le mur des arguments et des sentiments de colère que j'ai dressés entre moi et tous ceux que j'aime mais qui, bien souvent, ne me rendent pas cet amour. C'est le mur de la peur d'être exploité ou blessé à nouveau. C'est un mur d'orgueil et de désir de contrôler. Mais chaque fois que je réussis à surmonter ce mur, j'entre dans la maison où le Père habite, et c'est là que je peux toucher mon prochain d'un véritable amour de compassion.

La douleur me permet de voir au-delà de ce mur et de réaliser l'immense souffrance qui résulte de l'égarement humain. Elle ouvre mon cœur à une solidarité authentique avec mes frères et sœurs. Le pardon est le chemin qui me permet de surmonter mon mur et d'accueillir les autres dans mon cœur, sans rien attendre en retour. C'est seulement quand je me souviens que je suis l'enfant bien-aimé, que je peux accueillir ceux qui veulent revenir, avec la même compassion que celle qui m'a été témoignée par le Père.

Le troisième chemin pour devenir comme le Père, c'est la générosité. Dans la parabole, non seulement le père donne-t-il à son fils qui le quitte tout ce qu'il demande, mais encore il le comble de cadeaux à son retour. Il dit aussi à son fils aîné : « Tout ce qui est à moi est à toi. » Le père ne garde rien pour lui-même. Il se dépouille totalement pour ses fils.

Il ne donne pas seulement plus que ce qu'on peut raisonnablement attendre de quelqu'un qui a été offensé ; non, il se donne lui-même, sans réserve. Ses deux fils sont tout pour lui. En eux, il veut déverser sa propre vie. La façon dont le fils cadet est gratifié d'une robe, d'un anneau et de sandales, accueilli à la maison par un banquet somptueux, tout autant que la façon dont le fils aîné est supplié d'accepter sa place unique dans le cœur de son père, et de se joindre à son jeune frère autour de la table du banquet : tout cela prouve sans équivoque que les frontières du comportement patriarcal sont complètement dépassées. Ce n'est pas l'image d'un père remarquable ; c'est le portrait d'un Dieu dont la bonté, l'amour, le pardon, la miséricorde, la joie et la compassion sont sans aucune limite. Jésus présente la générosité de Dieu en utilisant toute l'imagerie que sa culture lui permet, tout en la transposant constamment.

Pour devenir comme le Père, je dois être aussi généreux que lui. Tout comme le Père donne son être même à ses enfants, de même dois-je donner le meilleur de moi-même à mes frères et sœurs. Jésus dit clairement que c'est précisément le don de soi qui est la marque du vrai disciple. « Il n'est pas de plus grand amour que de donner sa vie pour ses amis. » (*Jn* 15,13)

Ce don de la personne est une discipline, parce que ce n'est pas quelque chose qui va de soi. Pour les enfants des ténèbres qui gouvernent par la peur, l'intérêt personnel, la convoitise et le pouvoir, les grandes motivations sont la survie et l'autodéfense. Mais les enfants de lumière, qui savent que l'amour parfait chasse la crainte, peuvent donner tout ce qu'ils ont pour les autres.

Comme enfants de la lumière, nous nous préparons à devenir de vrais martyrs : des personnes qui rendent témoignage, par toute leur vie, à l'amour infini de Dieu. Tout donner devient alors tout gagner. Jésus exprime cela clairement en disant : « Celui qui perd sa vie à cause de moi [...] la sauvera. » (*Mc* 8,35)

Chaque fois que j'avance d'un pas dans le chemin de la générosité, je sais que je passe de la peur à l'amour. Mais ces pas, du moins au début, sont difficiles parce que beaucoup d'émotions et de sentiments me retiennent et m'empêchent de donner librement. Pourquoi devrais-je donner de l'énergie, du temps, de l'argent et, oui, même de l'attention, à quelqu'un qui m'a offensé ? Pourquoi devrais-je partager ma vie avec quelqu'un qui ne la respecte pas ? Je pourrais être prêt à pardonner, mais donner en plus de cela ?

Et pourtant... la vérité est que, au sens spirituel, celui qui m'a offensé appartient à ma famille, à mon « gène ». Le mot « générosité » comprend le terme « gène », que l'on trouve aussi dans le mot

« genre », « génération » et « générativité ». Ce terme, du latin *genus* et du grec *genos*, veut dire « qui appartient à la même sorte ». La générosité est un don qui vient de la connaissance de ce lien intime. La vraie générosité est basée sur la vérité, et non sur l'impression, que ceux à qui je pardonne sont de la parenté, qu'ils appartiennent à ma famille. Et chaque fois que j'agis ainsi, cette vérité me devient plus évidente. La générosité fait naître la famille dans laquelle elle croit.

La souffrance, le pardon et la générosité sont donc les trois chemins par lesquels l'image du Père peut grandir en moi. Ils sont trois aspects de l'appel du Père à être à la maison. En tant que Père, je ne suis plus appelé à rentrer à la maison, comme le fils cadet ou le fils aîné, mais à être là, comme celui vers qui les enfants égarés peuvent revenir, pour être accueillis avec joie. C'est très difficile de seulement être à la maison et d'attendre. C'est l'attente douloureuse de ceux qui ont quitté, une attente nourrie de l'espérance d'offrir à ceux qui reviendront le pardon et la vie nouvelle.

En tant que Père, il me faut croire que tout ce que le cœur humain désire peut être trouvé à la maison. En tant que Père, je dois me libérer du désir de chercher sans cesse à rattraper ce dont je crois avoir été privé dans mon enfance. En tant que Père, je dois savoir qu'en réalité ma jeunesse est terminée et que jouer à faire le jeune est une tentative ridicule de me cacher cette vérité : je suis âgé et proche de la mort. En tant que Père, je dois oser porter la responsabilité d'une personne adulte au plan spirituel, et oser croire que la vraie joie et le véritable épanouissement ne peuvent venir qu'en accueillant à la maison ceux qui ont été blessés par la vie, en les aimant d'un amour qui ne demande ni n'attend rien en retour.

Il y a un vide terrible dans cette paternité spirituelle. Aucun pouvoir, aucun succès, aucune popularité, aucune satisfaction facile. Mais ce même vide terrible est aussi le lieu de la vraie liberté. C'est le lieu où « on n'a plus rien à perdre », où l'amour est sans exigence, et où l'on trouve la véritable force spirituelle.

Chaque fois que je touche ce vide terrible, mais aussi fructueux en moi, je sais que je peux y accueillir n'importe qui sans le condamner et lui offrir l'espérance. C'est là que je suis libre de recevoir les fardeaux des autres, sans éprouver le besoin d'évaluer, de classifier ou d'analyser. Là, dans cet état d'être complètement sans jugement, je peux *engendrer* une confiance libérante.

Un jour, en visitant un ami mourant, j'ai fait l'expérience de ce vide sanctifiant. En présence de mon ami, je n'éprouvais aucun désir de lui poser des questions sur le passé, ou de spéculer sur l'avenir. Nous étions simplement ensemble, sans peur, sans culpabilité ou honte, sans inquiétude. Dans ce vide, on pouvait sentir l'amour inconditionnel de Dieu et on pouvait dire, comme le vieillard

Siméon quand il prit l'enfant Jésus dans ses bras : « Maintenant, ô Maître, tu peux selon ta parole laisser ton serviteur s'en aller en paix. » (*Lc* 2,29) Là, au milieu du vide affreux, il y avait une confiance totale, une paix profonde et une joie complète. La mort n'était plus une ennemie. L'amour était victorieux.

Chaque fois que nous touchons ce vide sacré d'un amour qui n'exige rien, le ciel et la terre tremblent, et il y a « de la joie parmi les anges de Dieu » (*Lc* 15,10). C'est la joie des fils et des filles qui rentrent à la maison. C'est la joie de la paternité spirituelle.

Vivre à fond cette paternité spirituelle exige la discipline radicale d'être à la maison. Parce que je suis une personne qui ne s'accepte pas et qui est toujours à la recherche d'approbation et d'affection, il m'est impossible d'aimer de façon constante, sans jamais demander quelque chose en retour. Mais la discipline consiste justement à cesser de vouloir accomplir cela moi-même, comme un exploit héroïque. Pour m'approprier la paternité spirituelle et l'autorité compatissante qui en résulte, il me faut laisser le fils révolté et le fils rancunier s'avancer sur la plate-forme, pour recevoir l'amour miséricordieux et inconditionnel que le Père offre, et y découvrir l'appel à être à la maison, comme mon Père est à la maison.

Alors seulement, les deux fils en moi pourront être graduellement transformés en père compatissant. Cette transformation me conduira à l'accomplissement du désir le plus profond de mon cœur insatisfait. En effet, quelle plus grande joie peut-il y avoir pour moi que d'étendre mes bras fatigués et de poser mes mains, en un geste de bénédiction, sur les épaules de mes enfants qui reviennent à la maison ?

ÉPILOGUE

Vivre le tableau

La première fois que j'ai vu la reproduction de Rembrandt, à l'automne de 1983, toute mon attention était concentrée sur les mains du père âgé, pressant sur sa poitrine son fils revenu. J'y ai vu le pardon, la réconciliation, la guérison ; j'y ai aussi vu la sécurité, le repos, le retour à la maison. Si j'ai été profondément touché par cette image de l'étreinte vivifiante d'un père et de son fils, c'est que tout en moi désirait ardemment être accueilli, comme le fils prodigue. Cette rencontre a marqué le début de mon propre retour.

La communauté de l'Arche est devenue progressivement ma maison. Jamais de ma vie je n'aurais cru que des hommes et des femmes handicapés mentalement seraient les personnes qui poseraient leurs mains sur moi, en un geste de bénédiction, et m'offriraient un foyer. Pendant longtemps, j'avais cherché la sécurité et le salut parmi les sages et les savants, à peine conscient que les choses du Royaume avaient été révélées « aux petits enfants » ; que Dieu avait choisi « ce qu'il y a de faible dans le monde pour confondre la force » (*1 Co* 1,27).

Mais quand j'ai expérimenté la réception chaleureuse et sans prétention de ceux qui n'ont rien à montrer, l'étreinte cordiale de gens qui ne posent pas de questions, j'ai commencé à découvrir qu'un véritable retour spirituel à la maison signifie revenir aux pauvres en esprit, à qui appartient le Royaume des cieux. L'étreinte du Père est devenue très réelle pour moi, dans les étreintes nombreuses des pauvres handicapés mentalement.

Le fait d'avoir d'abord vu le tableau en visitant une communauté de handicapés mentaux m'a permis de faire un lien qui s'enracine profondément dans le mystère de notre salut. C'est le lien entre la bénédiction donnée par Dieu et la bénédiction donnée par les pauvres. À l'Arche, j'ai découvert que ces deux bénédictions n'en faisaient qu'une. Le maître hollandais ne m'a pas seulement ramené aux aspirations les plus profondes de mon cœur, mais il m'a aussi amené à découvrir que je pouvais les accomplir dans la communauté même où je l'avais rencontré pour la première fois…

Il y a maintenant plus de six ans que j'ai vu la reproduction de Rembrandt à Trosly, et cinq ans depuis que j'ai choisi l'Arche comme ma demeure. En réfléchissant à ces années, je réalise que les personnes handicapées et leurs assistants m'ont fait vivre le tableau de Rembrandt plus complètement que je n'aurais pu le prévoir. L'accueil chaleureux que j'ai reçu dans plusieurs maisons de l'Arche et les nombreuses célébrations que j'ai partagées m'ont permis de faire l'expérience profonde du retour du fils cadet. L'accueil et la célébration sont, en effet, deux des caractéristiques principales de la vie « dans l'arche ». Il y a tellement de gestes d'accueil, d'étreintes, de baisers, de chants, de sketches et de repas de fête que, pour un étranger, l'Arche semble offrir une célébration continuelle du retour à la maison.

J'ai aussi vécu l'histoire du fils aîné. Je n'avais pas vraiment réalisé combien le fils aîné appartient au *Fils prodigue* de Rembrandt, jusqu'à ce que j'aille à Saint-Pétersbourg et que je voie le tableau intégral. J'y ai découvert la tension qu'évoque Rembrandt. Il n'y a pas seulement la réconciliation pleine de lumière entre le père et son fils cadet, mais aussi la distance sombre et rancunière du fils aîné. Il y a du repentir, mais aussi de la colère. Il y a la communion, mais aussi la séparation. Il y a le chaud rayonnement de la guérison, mais aussi la froideur d'un regard critique. Il y a l'offrande de la compassion, mais aussi une résistance énorme à la recevoir. Cela ne m'a pas pris beaucoup de temps pour rencontrer le fils aîné en moi.

La vie en communauté ne chasse pas totalement la noirceur. Bien au contraire. C'est comme si la lumière qui m'a attiré à l'Arche m'avait rendu plus conscient des ténèbres qui sont en moi. La jalousie, la colère, le sentiment d'être rejeté ou négligé, l'impression de ne pas appartenir vraiment – tout cela a émergé dans le contexte d'une communauté qui tente de vivre le pardon, la réconciliation et la guérison. La vie communautaire m'a ouvert au véritable combat spirituel : la lutte pour continuer à marcher vers la lumière, alors que l'obscurité est si réelle.

Tant que j'ai vécu seul, c'était relativement facile de me cacher le fils aîné. Mais le partage d'une vie avec des gens qui ne cachent pas leurs sentiments m'a confronté très tôt au fils aîné en moi. Il y a bien peu de romantisme dans la vie communautaire. Il y a le besoin constant de sortir de l'ombre pour s'approcher de l'étreinte du père.

Les personnes handicapées ont peu à perdre. Sans aucune astuce, elles me montrent qui elles sont. Elles expriment ouvertement leur amour aussi bien que leurs craintes, leur gentillesse aussi bien que leur angoisse, leur générosité aussi bien que leur égoïsme. En étant tout simplement qui elles sont, elles percent mon système sophistiqué de défenses et exigent que je sois aussi ouvert avec elles qu'elles le sont avec moi. Leur handicap me dévoile le mien. Leur angoisse reflète la mienne. Leur vulnérabilité me montre la mienne. En me forçant à confronter le fils aîné en moi, l'Arche a ouvert le chemin de son retour à la maison. Les personnes handicapées qui m'ont accueilli à la maison et qui m'ont invité à célébrer sont les mêmes qui m'ont confronté à mon moi pas encore converti : elles m'ont rendu conscient que mon cheminement était loin d'être terminé.

Tout en reconnaissant que ces découvertes ont eu un impact profond sur ma vie, le plus grand don de l'Arche demeure le défi de devenir le Père. Étant plus âgé que la plupart des membres de la communauté, en plus d'en être l'aumônier, il semble naturel de me percevoir comme un père. À cause de mon ordination, j'en ai déjà le titre. Maintenant, il me faut en vivre la réalité.

Il est beaucoup plus exigeant de devenir le Père d'une communauté formée de personnes handicapées mentalement et de leurs assistants que de me débattre avec les luttes du fils cadet et celles du fils aîné. Le père de Rembrandt est un père qui est dépouillé par la souffrance. À travers les nombreuses « morts » qu'il a vécues, il est devenu complètement libre de recevoir et de donner. Ses mains tendues ne quémandent pas, ni ne s'accrochent, ni n'exigent, ni n'avertissent, ni ne jugent, ni ne condamnent. Ce sont des mains qui ne font que bénir, donnant tout et n'attendant rien.

Il me faut maintenant faire face à la tâche difficile et pratiquement impossible de renoncer à l'enfant en moi. Paul le dit clairement : « Lorsque j'étais enfant, je parlais en enfant, je pensais en enfant, je raisonnais en enfant ; une fois devenu homme, j'ai fait disparaître ce qui était de l'enfant. » (*1 Co* 13,11) C'est confortable d'être le fils égaré, ou le fils aîné en colère.

Notre communauté est remplie d'enfants égarés ou en colère, et le fait d'être entourés de pairs donne un sens de solidarité. Mais plus je deviens une partie de cette communauté, plus cette solidarité m'apparaît comme un simple relais sur le chemin d'une destination encore plus solitaire : la solitude du Père, la solitude de Dieu, la solitude ultime de la compassion. La communauté n'a pas besoin d'un autre fils prodigue ou d'un autre fils aîné, qu'ils soient convertis ou non, mais elle a besoin d'un père qui vit les mains tendues, toujours prêt à les poser sur les épaules de ses enfants désireux de rentrer à la maison. Et pourtant, tout en moi résiste à cette vocation. Je continue à m'accrocher à l'enfant en moi. Je ne veux pas être à demi aveugle ; je veux voir clairement ce qui se passe autour de moi. Je ne veux pas attendre que mes enfants reviennent à la maison ; je veux être avec eux là où ils sont en terre étrangère, ou sur la ferme, au milieu des serviteurs. Je ne veux pas garder le silence sur ce qui s'est passé ; je suis curieux d'entendre toute l'histoire et j'ai une multitude de questions à poser. Je ne veux pas continuer à étendre mes bras, quand il y a si peu de gens qui souhaitent se laisser embrasser, surtout quand les pères, et ceux qui tiennent lieu de pères, sont considérés par plusieurs comme étant la source de leurs problèmes.

Et pourtant, après une longue vie comme fils, je sais avec certitude que le véritable appel est de devenir un père, qui ne fait que bénir avec une miséricorde absolue, ne posant aucune question, donnant et pardonnant sans cesse, n'attendant rien en retour. Dans une communauté, tout cela est concret, de façon souvent déconcertante. Je veux savoir ce qui se passe. Je veux être impliqué dans les hauts et les bas quotidiens de la vie des gens. Je veux qu'on se souvienne de moi, qu'on m'invite, qu'on m'informe. Mais en fait, peu de gens reconnaissent mon désir, et ceux qui le font ne savent pas toujours comment y réagir. Mes gens, qu'ils soient handicapés ou non, ne cherchent pas un autre pair, un autre compagnon de jeu et pas même un autre frère. Ils cherchent un père qui peut les bénir et leur pardonner, sans avoir besoin d'eux comme eux ont besoin de lui. Je vois clairement la vérité de ma vocation comme père ; mais en même temps, il me semble presque impossible de la suivre. Je ne veux pas rester à la maison pendant que tout le monde sort, qu'ils soient poussés par leurs désirs ou leur colère. Je sens en moi les mêmes impulsions et je veux m'enfuir, comme d'autres le font ! Mais qui sera *à la maison* quand ils reviendront, fatigués, épuisés, excités, déçus, coupables et honteux ? Qui pourra les convaincre que, après que tout a été dit et fait, il y a un endroit sûr où ils peuvent revenir et être reçus ? Si ce n'est pas moi, qui est-ce que ce sera ?

La joie de la paternité est très différente du plaisir des enfants vagabonds. C'est une joie qui est au-delà du rejet et de la solitude ; oui, et même au-delà de l'affirmation de soi et de la communauté. C'est la joie d'une paternité qui tire son nom du Père céleste (voir *Ep* 3,14), et qui prend part à sa solitude divine.

Je ne suis pas du tout surpris que peu de gens se réclament de cette paternité. Les souffrances sont trop évidentes, les joies trop cachées. Et pourtant, en refusant cette paternité, je me soustrais à ma responsabilité de personne adulte au plan spirituel. Oui, je trahis même ma vocation. Rien de moins ! Mais comment puis-je choisir ce qui semble si contraire à tous mes besoins ? Une voix me dit : « N'aie pas peur. L'Enfant te prendra par la main et te conduira à la paternité. » Je sais que je peux me fier à cette voix. Comme toujours, les pauvres, les faibles, les marginaux, les rejetés, les oubliés, les plus petits… non seulement ils ont besoin de moi pour être leur père, mais ce sont eux qui vont me montrer comment être un père pour eux. La vraie paternité consiste à partager la pauvreté de l'amour sans exigence de Dieu. J'ai peur d'entrer dans cette pauvreté, mais ceux qui y sont déjà parvenus, grâce à leur déficience physique ou mentale, seront mes professeurs.

Quand je regarde les gens avec qui je vis, hommes et femmes handicapés et leurs assistants, je vois leur immense désir d'un père en qui la paternité et la maternité ne font qu'un. Ils ont tous souffert d'être rejetés ou abandonnés ; ils ont tous été blessés en grandissant ; ils se demandent tous s'ils sont dignes de l'amour inconditionnel de Dieu, et ils cherchent tous ce lieu sécuritaire où ils pourront revenir et être accueillis par des mains qui bénissent.

Rembrandt a peint le père comme un homme qui a transcendé les façons de faire de ses enfants. Il a pu connaître l'isolement et la colère, mais cela a été transformé par la souffrance et les larmes. Son isolement est devenu une solitude sans fin, sa colère, une gratitude infinie. Je dois devenir comme lui. Je le vois aussi clairement que je vois l'immense beauté de la solitude et de la compassion du père. Puis-je laisser grandir en moi le fils cadet et le fils aîné jusqu'à la maturité du père miséricordieux ?

Quand je suis allé à Saint-Pétersbourg, il y a quatre ans, pour voir *Le Retour du fils prodigue*, je ne soupçonnais pas que j'aurais à vivre ce que je voyais. Je suis émerveillé de voir jusqu'où Rembrandt m'a conduit. Il m'a conduit du jeune homme agenouillé et débraillé au vieillard debout et courbé, du lieu où l'on reçoit la bénédiction au lieu où l'on bénit. En regardant mes mains vieillies, je sais qu'elles m'ont été données pour être tendues vers tous ceux qui souffrent, pour être posées sur les épaules de tous ceux qui viennent, et surtout pour offrir la bénédiction qui naît de l'immensité de l'amour de Dieu.

REMERCIEMENTS

Les deux premières personnes qui me viennent à l'esprit, quand je pense à celles qui m'ont soutenu pendant la rédaction de ce livre, sont Connie Ellis et Conrad Wieczorek. Connie Ellis a connu toutes les étapes du manuscrit. Sa compétence enthousiaste et dévouée comme secrétaire ne m'a pas seulement aidé dans les périodes plus intenses, mais elle m'a aussi permis, dans les temps de découragement, de croire à la valeur de ce que je faisais. Conrad Wieczorek m'a offert une assistance indispensable dès les débuts du livre, jusqu'à sa finition. Je lui suis profondément reconnaissant pour sa générosité ; il a mis son temps et son énergie à ma disposition pour l'édition du texte, en plus de m'offrir des suggestions de changements, soit pour la forme, soit pour le contenu.

Beaucoup d'autres amis ont joué un rôle important dans la touche finale de ce livre. Elizabeth Buckley, Brand Colby, Ivan Dyer, Bart Gavigan, Jeff Imbach, Don McNeill, Sue Mosteller, Glenn Peckover, Jim Purdie, Esther de Waal et Susan Zimmerman : tous m'ont offert une contribution significative. Bon nombre d'améliorations sont le résultat de leurs judicieux conseils.

Richard White mérite un mot spécial de remerciement : la générosité avec laquelle il m'a offert son soutien personnel et son expertise professionnelle m'a procuré le stimulant nécessaire pour mener à bien cet ouvrage.

En dernier lieu, je veux exprimer une gratitude toute spéciale à trois amis qui sont décédés avant la publication de ce livre : Murray McDonnell, David Osler et madame Pauline Vanier. Le soutien personnel et financier de Murray, l'amitié de David et sa réponse chaleureuse à la première ébauche, et l'hospitalité de madame Vanier pendant la rédaction du livre : tout cela a été pour moi une source constante d'encouragement. Ces personnes me manquent beaucoup, mais je sais que leur amour est plus fort que la mort et va continuer à m'inspirer.

Ce m'est une grande joie de penser que ce livre est le fruit authentique de l'amitié et de l'amour.

Table

TROISIÈME PARTIE : LE PÈRE

DU MÊME AUTEUR

Les Mains ouvertes, Le Cerf, 1982.

Elle vient de mourir, Fides, 1982.

Le chemin du désert : solitude et vie apostolique, Le Cerf, coll. « Épiphanie », 1985.

Invitation à la vie spirituelle, Dangles, 1995.

Vivre sa foi au quotidien, Novalis, 1996.

Signes de vie : intimité, fécondité et extase dans une perspective chrétienne, Bellarmin, 1997.

Lettres de réconfort, Bellarmin, 1997.

Lettres à un ami sur la vie spirituelle, Le Cerf/Novalis, coll. « Épiphanie », 1997.

Chemins de passion, chemins du monde : méditation (ill. de Helen David), Novalis, 1998 ; Bayard, coll. « Panorama », 2006.

Les Trois Mouvements de la vie spirituelle, Bellarmin, 1998.

Ma foi comme une histoire, Novalis. 1999.

Pour des ministères créateurs, Bellarmin, 1999.

La seule chose nécessaire : vivre une vie priante, Bellarmin, 2001.

Faisant le clown à Rome : réflexions sur la solitude, le célibat, la prière et la contemplation, Bellarmin, 2001.

Pouvez-vous boire la coupe que je vais boire ?, Bellarmin, 2001.

La Voie intérieure de l'amour, Bellarmin, 2002.

Par ses blessures nous sommes guéris, Bellarmin, 2002.
La Compassion, Fidélité, 2003.
Journal de la dernière année, Bellarmin, 2004.
Rentrer chez soi, Novalis, 2004.
Au cœur de ma vie, l'eucharistie, Novalis, 2005.

« *Espaces libres* »
au format de poche

DERNIERS TITRES PARUS

140. *Les Fleurs de soleil*, de S. WIESENTHAL.
141. *Khalil Gibran*, de J.-P. DAHDAH.
142. *Ces ondes qui tuent, ces ondes qui soignent*, de J.-P. LENTIN.
143. *Les Dix Commandements intérieurs*, d'Y. AMAR.
144. *Guérir l'esprit*, collectif avec J.-Y. LELOUP, F. SKALI, Lama D. TEUNDROUP.
145. *La Quête du sens*, ouvrage collectif.
146. *La Foi ou la nostalgie de l'admirable*, de B. VERGELY.
147. *Traversée en solitaire*, de M.-M. DAVY.
148. *Éloge de la fragilité*, de G. RINGLET.
149. *L'Échelle des anges*, d'A. JODOROWSKY.
150. *Petite grammaire de l'érotisme divin*, d'O. VALLET.
151. *La Troisième Voie*, de D. E. HARDING.
152. *Le Rire du tigre*, de M. de SMEDT.
153. *L'Effort et la Grâce*, de Y. AMAR.
154. *Appel à l'amour*, d'A. de MELLO.
155. *L'Homme intérieur et ses métamorphoses*, de M.-M. DAVY.
156. *Dictionnaire de la symbolique des rêves*, de G. ROMEY.
157. *Le Christianisme en accusation*, de R. RÉMOND et M. LEBOUCHER.
158. *Entre désir et renoncement*, M. de SOLEMNE avec J. KRISTEVA, R. MISRAHI, S. GERMAIN et DAGPO RIMPOCHE.
159. *Sadhana, un chemin vers Dieu*, d'A. de MELLO.
160. *L'amour comme un défi*, de S. ROUGIER.
161. *Du bon usage de la vie*, de B. BESRET.
162. *La Grâce de solitude*, M. de SOLEMNE avec C. BOBIN, J. M. BESNIER, J.-Y. LELOUP et Th. MONOD.
163. *Le Meneur de lune*, de J. BOUSQUET.
164. *Vivre l'islam*, du Cheikh K. BENTOUNÈS.
165. *Méditation et psychothérapie*, ouvrage collectif.
166. *Les Échos du silence*, de S. GERMAIN.
167. *Aimer désespérement*, M. de SOLEMNE avec A. COMTE-SPONVILLE, É. KLEIN, J.-Y. LELOUP.
168. *Entre sagesse et passions*, ouvrage collectif dir. par Alain HOUZIAUX.
169. *Écologie et spiritualité*, ouvrage collectif.

170. *L'Évangile des païens, une lecture laïque de l'évangile de Luc*, d'O. VALLET.
171. *Simone Weil, le grand passage*, sous la dir. de F. L'YVONNET.
172. *Histoires d'humour et de sagesse*, d'A. DE MELLO.
173. *L'Avenir de l'homéopathie*, de C. BOIRON.
174. *Qu'Allah bénisse la France*, d'ABD AL MALIK.
175. *Soigner son âme*, de J. VIGNE.
176. *La Sagesse des contes*, d'A. JODOROWSKY.
177. *Innocence et culpabilité*, de M. DE SOLEMNE, avec P. RICŒUR, S. ROUGIER, Ph. NAQUET et J.-Y. LELOUP.
178. *Petite méthode pour interpréter soi-même ses rêves*, d'H. RENARD.
179. *Cheminer, contempler*, de M. JOURDAN et J. VIGNE.
180. *Le Visage du vent d'est*, de K. WHITE.
181. *Petit lexique des mots essentiels*, d'O. VALLET.
182. *Lettres sur la méditation*, de L. FREEMAN.
183. *Dix questions simples sur Dieu et la religion*, d'A. HOUZIAUX.
184. *Dix questions simples sur la vie*, d'A. HOUZIAUX.
185. *Les Nouveaux Penseurs de l'islam*, de R. BENZINE.
186. *Au dernier survivant*, du rabbin D. FARHI.
187. *Schizophrénie culturelle*, de D. SHAYEGAN.
188. *Apprendre à être heureux*, d'A. HOUZIAUX.
189. *Inventaire vagabond du bonheur*, de J. KELEN.
190. *Le Secret de l'Aigle*, de L. ANSA et H. GOUGAUD.
191. *Le Retour de l'enfant prodigue*, d'H. NOUWEN.
192. MU. *Le maître et les magiciennes*, d'A. JODOROWSKY.
193. *La Conférence des oiseaux*, de J.-Cl. CARRIÈRE.
194. *Enquête au cœur de l'Être*, dir. par G. E. HOURANT.
195. *Paroles d'Orient*, de M. de SMEDT.

Composition Nord Compo
Impression Bussière, avril 2008
Éditions Albin Michel
22, rue Huyghens, 75014 Paris
www.albin-michel.fr

ISBN 978-2-226-18289-0
ISSN 1147-3762
N° d'édition : 25546 – N° d'impression : 081086/1
Dépôt légal : mai 2008
Imprimé en France